Elsies Reise durch die VinziRast

ELSIES REISE durch die VINZIRAST

FALTER VERLAG

ISBN 978-3-85439-609-3

Verleger: Falter Verlagsgesellschaft m.b.H.
Marc-Aurel-Straße 9, 1011 Wien
T: +43/1/53660, F: +43/1/53660-935
M: service@falter.at, W: www.falter.at

Zeichnungen und Text: Elsie Herberstein
Übersetzungen: Douglas Montjoye
Lektorat: Helmut Gutbrunner
Projektkoordination: Christian Spiegelfeld
Grafik und Bildbearbeitung: Marion Großschädl
Produktion: Susanne Schwameis

Gedruckt in der EU

FSC www.fsc.org MIX Papier aus verantwortungsvollen Quellen FSC® C014138

Einige Namen von VinziRast-Gästen und -Bewohner*innen wurden geändert.

Wenn ich sie sehe, ohne sie anzusehen,
werde auch ich für mich unsichtbar.
(Niki Giannari, „Des spectres hantent l'Europe")

INHALT

PROLOG

„Ich heiße Elsie, ich zeichne. Ich lebe seit meiner Geburt in Paris und ich bin die Nichte von Cecily Corti" – eine Skizze meiner Identität, die ich jedes Mal wie einen Ausweis herzeige, wenn ich eine der Einrichtungen der VinziRast betrete. Aber weder meine Familienzugehörigkeit noch mein Künstlerdasein sind Grund genug, um meinen Wunsch zu rechtfertigen, über diese Orte ein Reisetagebuch zu verwirklichen. Tatsächlich besteht jedoch zwischen Cecily und mir noch eine andere Verbindung.

Im Jahr 1993 bin ich neunundzwanzig Jahre alt, ich habe bereits zwei Reisetagebücher veröffentlicht, über Südafrika und über die tibetischen Flüchtlinge. Ich wurde mit dem Leid von verfolgten Menschen konfrontiert, sowohl in den südafrikanischen Townships als auch in den Flüchtlingslagern in Nepal und Indien.

Von diesen Begegnungen tief geprägt, erkundige ich mich in Paris nach humanitären Organisationen, die ehrenamtliche Mitarbeiter suchen. Im Fernsehen sehe ich eine Reportage über Pedro Meca, einen Dominikaner aus dem spanischen Baskenland, der auf der Straße und in der Metro die Begegnung mit Obdachlosen sucht.

Wenige Tage später stehe ich ihm plötzlich gegenüber. Unser Gespräch bewegt mich sehr. Er hat einen Verein namens Les Compagnons de la nuit (die Kameraden der Nacht) ins Leben gerufen und eine Notschlafstelle mitten im Quartier Latin eingerichtet. Schon bei meinem ersten Besuch fühle ich mich betroffen und werde sofort zur ehrenamtlichen ADF (avec domicile fixe – mit festem Wohnsitz). Dieser Ort, von den Obdachlosen (SDF, sans domicile fixe) „La Moquette" (Spannteppich) genannt, wird für mich zu einem zweiten Zuhause. Zwei- bis dreimal wöchentlich bin ich da und beginne die Menschen zu porträtieren, denen ich dort begegne und die mir ihre Lebensgeschichten anvertrauen.

Aus diesem menschlichen Abenteuer entsteht ein Buch: „Viens chez moi, j'habite dehors" (Komm zu mir, ich wohne draußen).[1] Unser Wiedersehen bringt mich dazu, mein einstiges Buch durch ein neues Kapitel zu ergänzen, „Dix ans après..." (Zehn Jahre danach ...), das 2004 neu erscheint.

2004 eröffnet Cecily die VinziRast, eine Notschlafstelle für Menschen ohne Zuhause, im Erdgeschoß eines Zinshauses in Wien-Meidling. Zuerst interessiere ich mich aus der Ferne für ihr Projekt. Meine Tochter ist gerade geboren, ich teile wichtige berufliche Pläne mit meinem Partner. Österreich beschränkt sich für mich auf Ferien mit der Familie.

Ich finde im gleichen Jahr zu den Compagnons de la nuit zurück, wo ich wieder auf Gilles treffe, den ich dort als Obdachlosen kennen gelernt habe. Er ist der Held von „Komm zu mir, ich wohne draußen".

In diesem Jahr nimmt mich Cecily anlässlich eines Wien-Besuchs zum ersten Mal in die Notschlafstelle mit. Eingetaucht in der Wirklichkeit ihrer Arbeit, ist sie neugierig auf das, was ich bei den Compagnons de la nuit und in der Nähe von Pedro Meca erlebt habe. Dieser hatte den Mut, einen Raum in einem Untergeschoß einzurichten, geöffnet zwischen 21 und fünf Uhr früh, ohne Mahlzeit und ohne Bett, ohne Dusche und ohne Kleiderausgabe.

Ein Ort, in dem nicht das Materielle, sondern die Beziehung im Vordergrund steht.

Wo der Einzelne nicht auf sein Elend reduziert, sondern als Individuum aufgenommen und wahrgenommen wird, mit seiner besonderen Lebensgeschichte, seinem einzigartigen Lebenshintergrund und seinen versteckten Talenten. Pedro wollte dem anderen ohne Vorurteil, aber auch ohne jegliche Erwartung auf ein Resultat begegnen. Ohne einander zu kennen, teilten und verkörperten Cecily und Pedro die gleichen Überzeugungen. Beide waren sie Bahnbrecher und Erneuerer, die Berge versetzten und ihre Vorstellung von Menschlichkeit weitergaben.

[1] Erschienen bei Albin Michel, 1994.

Sie sind einander ein einziges Mal begegnet, im Jahre 2008.

Mein Partner und ich hatten beschlossen, in Österreich zu heiraten, und wir haben Pedro gebeten, uns zu trauen. Cecily hat ihn durch die Notschlafstelle geführt. Er war noch nie in Österreich gewesen und sehr froh, mit ihr Erfahrungen austauschen zu können. Weder Pedro noch Cecily waren Profis, als sie sich mit ihrem Engagement auf die Straße begaben. Sie waren von einer Leidenschaft beseelt, die sie täglich durch ihr Sein und Handeln verkörperten. Beide haben ihr Projekt mit Leben erfüllt und wachsen lassen, mithilfe eines dichten Netzwerks von äußerst engagierten und treuen ehrenamtlichen Mitarbeiter*innen, finanziert ausschließlich durch private Spenden. Eine Entscheidung, die sie grundlegend von den übrigen karitativen Einrichtungen unterschied.

Kurz danach zog sich Pedro von den Compagnons de la nuit zurück. Sein Tod im Jahr 2015, kurz nach dem Ableben von Gilles, hat in meinem Leben eine große Leere hinterlassen. Ich habe aufgehört, zur Moquette zu gehen, als wäre eine Flamme erloschen. Das Leben aber schafft es immer wieder – auch ohne unser Zutun –, uns zur Quelle unserer Lebendigkeit zu führen.

Es ist jetzt ein Jahr her, dass mich die VinziRast mit unwiderstehlicher Kraft gerufen hat.

In der Notschlafstelle finde ich wieder die Qualität eines Zusammenseins ohne Ziel und ohne jede Künstlichkeit. Hier fühle ich mich frei. Ich begegne Nomaden aus der ganzen Welt, die mich durch ihre Geschichten, ihre Kultur, ihre Erfahrungen reisen lassen.

Meine Zeichnungen erzeugen immer wieder Stimmungen, bestehend aus Austausch, Spiel, Humor und einer Intimität mit jedem meiner Modelle. Ihr Stolz, sich selbst in ihrem Porträt wiederzuerkennen, und ihre fast kindliche Freude, sich als schön zu empfinden, sind für mich ein ganz besonderes Geschenk.

Nicht oft fühle ich mich so lebendig wie in der VinziRast!

Cecily Corti

Cecily verbrachte ihre ersten Kinderjahre in Slowenien; sie waren geprägt von Glück und Geborgenheit.

Als junge Frau lernte sie in Alpbach Axel Corti kennen.

Mit ihm und ihren drei Söhnen bewohnte sie einen alten Pfarrhof in der Nähe von Salzburg.

Die Ehe mit ihm war turbulent. Axel starb mit sechzig Jahren an Leukämie.

Cecily hat sich neu orientiert. Bei einem Aufenthalt in Guatemala musste sie sich unerwartet einer Krebsoperation unterziehen.

Bernie Glassmans Buch „Zeugnis ablegen" hat einen starken Eindruck bei ihr hinterlassen.

Erfahrung in Paris bei Coeur de Femmes, einer Anlaufstelle für Frauen in Schwierigkeiten.

Nach Österreich zurückgekehrt, lernte sie Pfarrer Wolfgang Pucher und sein VinziDorf kennen.

Der Plan, in Aspern ein Vinzidorf zu errichten, scheiterte.

Eines Tages rief Michael Gröller bei ihr an.

Durch seine großzügige Unterstützung konnte das Haus in der Wilhelmstraße gekauft werden.

Alex Hagner plante die Notschlafstelle im Erdgeschoß des Hauses.

Im April 2004 wurde die VinziRast-Notschlafstelle eröffnet.

Obdachlose jeglicher Herkunft wurden aufgenommen, Männer, Frauen, Paare, mit und ohne Hund, auch Menschen mit Alkoholproblemen.

Es arbeiten nur Ehrenamtliche mit, es gab keine bezahlten Mitarbeiter.

Cealy lernte Hans Peter Haselsteiner, den Chef der Strabag, kennen.

Er übernahm die Totalrenovierung des Hauses Wilhelmstraße 10. Es werden 16 Wohnungen geschaffen.

Auf Anraten Christian Wetschkas entsteht in einem benachbarten Haus die VinziRast-WG für Alkoholkranke.

Ende 2009 wurde das Auditorium maximum der Universität Wien von Studierenden und Obdachlosen besetzt.

Eine Gruppe von Studierenden wollte ein Bildungsprojekt mit und für Obdachlose entwickeln. Durch neuerliche Unterstützung von H.P. Haselsteiner konnte in Kooperation mit dem Team der VinziRast das innovative Wohnprojekt verwirklicht werden.

Seit 2016 bietet das VinziRast-Home jeweils acht Flüchtlingen ein vorübergehendes Zuhause.

VinziRast
Notschlafstelle
Ein Zuhause für die Nacht.
Mit Essen, Kleidung
und Dusche.
Einlass 18.30-21.00 Uhr.
VinziRast
CortiHaus
Begleitetes Wohnen als
Übergang zu mehr
Eigenverantwortung.
VinziRast
-HOME
Ein sicheres Zuhause
für geflüchtete
Menschen.
Rathaus
Stephansdo
Schönbrunn
Belvedere
WIEN
Wilhelmstraße 10
Bahnhof Meidling
MEIDLING
VinziRast-WG
Einander helfen bei
einem Leben ohne
Alkohol. Wie in einer
Familie.

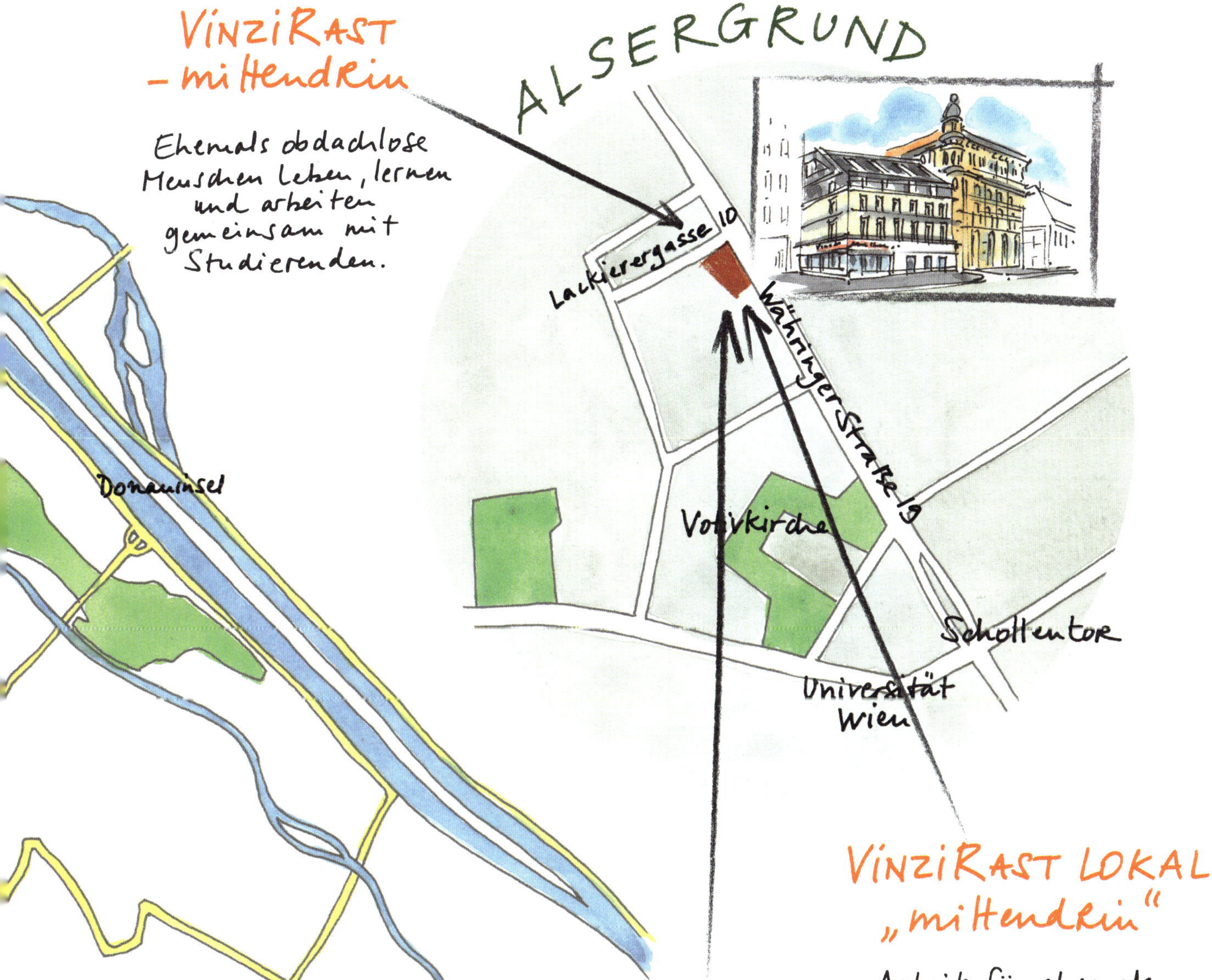

VinziRast – mittendrin

Ehemals obdachlose Menschen leben, lernen und arbeiten gemeinsam mit Studierenden.

VinziRast Lokal „mittendrin"

Arbeit für ehemals obdachlose Menschen. Küche mit mediterran-orientalischer Vielfalt.

VinziChance

Inklusion geflüchteter Menschen durch Sprachunterricht und Handwerken.

VinziRast
Platz für Menschlichkeit

Februar 2013

URLAUB IN WIEN

Während der Februarferien fahre ich mit meiner Familie eine Woche nach Wien zu Cecily. Ich wusste, dass sie gerade dabei war, ein neues Projekt im Stadtzentrum zu entwickeln, das VinziRast-mittendrin heißen sollte. Am Abend vor unserer Rückkehr nach Paris wollte sie uns die Baustelle zeigen. Die Arbeiten sind zu drei Viertel fertig gestellt. Zufällig ist auch der Architekt Alex Hagner an dem Tag anwesend. Er führt uns persönlich, erklärt uns seine Pläne, möchte Neues und Altes durch die Erhaltung der alten Holztüren voller Patina, der sichtbaren Steine in den Mauern, der von der Zeit abgenutzten Stufen, des gusseisernen Geländers der Wendeltreppe verbinden. Das Haus behält so seine Geschichte und seine Persönlichkeit. „Es war ein ständiger Kampf mit der Baufirma, weil oft alles kaputt gemacht wird und neu aufgebaut, auch weil es einfacher ist, als zu renovieren", erzählt Doris Kerbler, die Schriftführerin des Vereins Vinzenzgemeinschaft St. Stephan. „Aber Alex hat sein Projekt und seine Vision durchgesetzt. Trotz massiven Widerstands hat er nicht nachgegeben", sagt sie voller Bewunderung.

Alles spricht mich an, der Charme des Gebäudes mit seinem Innenhof, die Betriebsamkeit, die in den zahlreichen Räumen herrscht, wo unterschiedliche Handwerker mit Unterstützung von Studierenden und Helfern aus der Notschlafstelle ihre Arbeit verrichten. Schon vor der Eröffnung strahlt das Haus die Energie von gemeinschaftlichem Tun aus. Meine Begeisterung hält mich die ganze Nacht wach. Ich fühle, dass ich Lust habe, an diesem Bienenstock mitzuarbeiten, meinen Teil beizutragen. Gleich am nächsten Tag schlage ich Cecily vor wiederzukommen, um die letzten Vorbereitungen vor der Eröffnung zeichnerisch festzuhalten. Sie freut sich über mein Ansinnen und wir einigen uns für Anfang Mai für meinen nächsten Aufenthalt.

Alex Hagner ist der VinziRast-Architekt von Anfang an. Er hat an den meisten VinziRast-Projekten entscheidend mitgewirkt.

Der Innenhof hat sich in eine Sägewerkstatt verwandelt.

Mai 2013 DIE GEBURT VON VINZIRAST-MITTENDRIN

Kaum zwei Wochen vor der Eröffnung ist noch viel zu tun. Einige Firmen helfen mit, indem sie ihre Dienste ein paar Tage gratis anbieten, zum Beispiel heute ein professioneller Tischler, der die Mitarbeiter der VinziRast, die täglich da sind, anleitet und begleitet.
Überall zwischen Hof, Lokal und Werkräumen herrscht rege Betriebsamkeit. Insgesamt etwa fünfzehn Männer, unterstützt von ein paar Studierenden, sind an jeder Ecke beschäftigt. Der Lärm im Hof ist ohrenbetäubend – besonders, wenn gesägt wird. Dazu kommen Wolken von Staub, die man verschluckt. Aber das macht nichts, das gehört dazu.

Die kurzen Mittagspausen, in denen sich jeder im Lokal oder im Hof hinsetzt und sein Sandwich isst, sind die Momente, in denen einige für ein schnelles Porträt posieren und wir uns auch ein bisschen unterhalten. Ich begegne Martin, Abbès, Helmut, Kemal, Murat, Herbert, Laszlo, Felix und Cissé. Die einen sind Arbeiter der Sponsorenfirmen, die anderen kommen aus der VinziRast-Notschlafstelle oder sind Bewohner von VinziRast-mittendrin, die bereits in ihr neues Zuhause eingezogen sind. Sie sind Österreicher oder Migranten aus Rumänien, Polen, Serbien, Algerien oder Nigeria. Was mir auffällt, ist der Respekt, den jeder für

Während der Mittagspause unterhalten sich Facharbeiter mit den Handwerkern aus der Notschlafstelle.

Die Eröffnung steht vor der Tür und es wird in den letzten Tagen pausenlos gearbeitet.

den anderen hat, die Aufmerksamkeit und die ungewöhnliche Lebendigkeit.

Alex Hagner, der Architekt, geht vom einen zum anderen, wird pausenlos von links und rechts gerufen. Er ist wie ein Zauberer, der für jeden eine Lösung findet. Selbst mitten in diesem Durcheinander nimmt er sich ein paar Minuten Zeit, um zu überlegen, wo und wie ich meine Zeichnungen für die Eröffnung aufhängen könnte. Während er mich im Hof zeichnen sieht, erzählt er mir, dass die Bassena (Wandbrunnen in Stiegenhäusern von alten Mietshäusern in Wien), vor dem Doris für ihr Porträt gesessen ist, schon seit Jahren auf seinem Dachboden gelegen sei. Er wusste nicht, was er damit machen sollte,

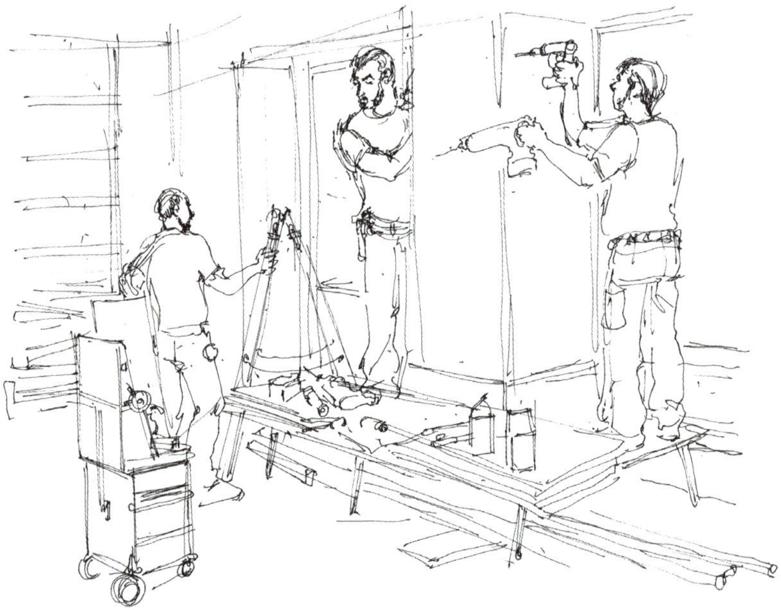

Katrin und Minna

Zwei Studentinnen heften unermüdlich aus Obst- und Gemüsekisten stammende Holzlatten an die Decke.

Martin

Christe

bis ihm einfiel, dass sie hier gut hinpassen würde. Tatsächlich hat man den Eindruck, dass diese Bassena immer schon da war, weil sie sich so gut in das Ensemble einfügt.

Ab 16 Uhr kehren Ruhe und Stille in das Haus ein. Es ist erstaunlich, dass man im Innenhof den Verkehr von der Währinger Straße kaum hört. Doris sitzt besonders gerne im Hof: „Ich liebe die Ruhe, die Stimmung dort. Es ist der zentrale Ort des Hauses, hier fühlt man seine Atmosphäre. Man hört auch die Stimmen, das Geplauder und das Lachen der Bewohner, die im ersten und zweiten Stock schon eingezogen sind und sich auf den offenen Balkons unterhalten. Und man riecht die Speisen, die in der gemeinsamen Küche zubereitet werden."

Aufgrund des unerwartet schönen Wetters wurde schon öfters zusammen gekocht und gegessen. Christl bereitet wunderbare Mahlzeiten zu mit dem, was jeder ihr bringt. Heute wurde auch ich eingeladen: zu Huhn, Semmelknödel und einer köstlichen Champignonsauce. Nach dem Essen wird der Tisch abgeräumt und mit den Laptops und Büchern der Studenten vollgeräumt, die neben uns lesen oder schreiben, während ich mich mit Christl weiter unterhalte.

Cissé ist Muslim und verabschiedet sich, um in seinem Zimmer zu beten. Es ist ein sehr angenehmer Abend, so warm wie im Sommer. Ein Student gießt die Pflanzen. Vor ein paar Tagen hat Alex Weinreben gepflanzt und Angelika Pflanzentöpfe auf den Fensterbrettern in den Stockwerken verteilt. Obwohl der Umbau noch nicht ganz zu Ende ist, leben sich alle im Haus langsam ein.

Doris Kerbler hat das Projekt und den Umbau von VinziRast-mittendrin von An-

fang an begleitet. Sie und Angelika Delfs sind auch für die Aufteilung der vielen WGs zuständig. Eine aufregende, aber auch heikle Angelegenheit. In jeder WG sollen Studierende mit Obdachlosen oder Migranten zusammenwohnen. Bewerber beider Seiten werden von Angelika und Doris empfangen. Sie müssen erkennen, wer mit wem gut auskommen könnte, obwohl man zum ersten Mal aufeinander trifft. Noch mehr als sonst sind Offenheit, Geduld und Toleranz gefragt, vor allem an Tagen, wo die sozialen oder kulturellen Unterschiede unüberwindlich scheinen. Gerade darum geht es: Bin ich bereit, mit dem mir so Fremden auf Dauer zu leben? Was bedeutet es für meine eigene innere Erfahrung und Entwicklung?

Das Modell ist einzigartig in Europa. Es stößt auf großes Interesse und trifft den Nerv unserer Zeit. Die Medien berichten davon und Cecily wird häufig zu Vorträgen und Interviews gebeten.

Doris Kerbler

Doris, langjähriges Vorstandsmitglied und ehrenamtliche Mitarbeiterin in allen Bereichen, hat die Baustellenkoordination von VinziRast-mittendrin übernommen.

Die Notschlafstelle im VinziRast-CortiHaus, Wilhelmstraße 10, in Meidling.

MEIN ERSTER ABEND IN DER NOTSCHLAFSTELLE

Cecily hat zwei- bis dreimal die Woche Nachtdienst in der Notschlafstelle. Heute begleite ich sie. Wir sind um 17 Uhr dort, denn auch wenn die Tür erst um 18.30 Uhr geöffnet wird, gilt es noch vieles zu überprüfen. Cecily inspiziert jeden Raum, kontrolliert die Betten in den Schlafsälen wie auch die Waschräume und schaut, dass es dort an nichts fehlt. Zwei Kollegen erscheinen kurz vor der abendlichen Öffnung der Tore. Axel, heute ehrenamtlicher Mitarbeiter im Nachtdienst, übernimmt mit Cecily die Aufnahme, während Claudia, heute im Abenddienst tätig, von einem Raum zum anderen geht, um Bettzeug zu bringen, beim Bettenmachen zu helfen, vielleicht eine Schmerztablette zu verabreichen, den neuen Gästen die Hausordnung zu erklären etc.

Um 18.30 Uhr öffnet Cecily die Tür und eine Warteschlange bildet sich am Gang vor dem Empfangsraum, der klein und ziemlich schnell voll ist. Im hinteren Teil befinden sich auf den Regalen Stapel von Handtüchern und Bettwäsche, in den Fächern Proben von Toilettartikeln und Pantoffeln, die von Hotels gespendet werden. Rechts vom Eingang, auf einem Supermarkteinkaufswagen, liegen Hosen, T-Shirts, Hemden, Pullover und Schuhe zur freien Entnahme. Ein Porträt des heiligen Vinzenz von Paul, des Schutz patrons der Armen und Kranken, hängt über dem Schlüsselkästchen. An der Wand ermahnt die Hausordnung: „Hier kann man Wein oder Bier trinken und im Hof und im Fernsehraum rauchen. Doch der Konsum von Drogen sowie verbale und physische Gewalt führen zum sofortigen Ausschluss." Auf dem Schreibtisch steht der Übernachtungspreis auf einer kleinen Kiste angeschrieben: „€ 2,–". Aber abgewiesen wird keiner, auch wenn er nicht zahlen kann.

Ein Syrer fragt in sehr dürftigem Englisch nach einem Bett. Es ist keines mehr verfügbar, er muss warten. „Are you hungry?", fragt ihn Cecily. Er nickt und sie gibt ihm ein Ticket in die Hand, das es ihm ermöglicht, im Speisesaal zu essen. Sie vertraut ihm auch an, dass ihre Schwiegertochter Syrerin ist. Bei der Erwähnung seines Landes ist Tahar sichtlich berührt. Der Kontakt zu seiner Familie dort ist abgebrochen und diejenigen aus seinem Umfeld, die vor dem Krieg geflohen sind, sind in ganz Europa verstreut.

Ab 18 Uhr bildet sich eine lange Schlange im Eingangsbereich.

Jeder Gast wird einzeln hereingelassen – eine Gelegenheit für ein kurzes persönliches Gespräch.

Tahar, aus Syrien, kommt zum ersten Mal in die Notschlafstelle.

„I need a bed“, bittet der Nächste, ein junger Nigerianer. „Es tut mir leid, aber es gibt keine Betten mehr.“ „Ich kann auf dem Boden schlafen, letzte Nacht habe ich auf der Straße verbracht.“ „Das ist nicht möglich“, antwortet Cecily, „wir werden eine andere Schlafstelle in der Nähe anrufen und fragen, ob sie noch Platz haben, aber Sie können hier zu Abend essen. Sind Sie Moslem oder Christ? Fragen Sie in der Küche nach, ob es heute Schwein gibt.“ Die Aufnahme endet um 21 Uhr. Axel, Cecily und Claudia machen Schluss. Ein Gast ist nicht erschienen, also gibt es einen Schlafplatz für Tahar.

Doch was soll mit dem Nigerianer und den zwei anderen Flüchtlingen geschehen, die zum ersten Mal hierhergekommen sind? Cecily und Axel haben andere Notschlafstellen angerufen, aber es gibt nirgendwo einen Platz. Die meisten schließen im April, wenn der Winter zu Ende geht, und sperren erst im November wieder auf. Draußen gießt es in Strömen. Niemand bringt es übers Herz, sie wegzuschicken. Also entschließt man sich, die drei jungen Männer im Fernsehraum unterzubringen, auf den Sofas. Eine Ausnahme, die die meisten Ehrenamtlichen machen, die sich jeden Abend ablösen. Cecily rief die jungen Männer zu sich, um ihnen die gute

Nachricht zu verkünden und ihnen die Hausordnung zu erklären, in langsamen Worten und mit einem Lächeln. „Licht aus ab 22 Uhr. Frühstück um sieben Uhr. Um acht Uhr muss man die Räume verlassen, nachdem man das Bett ordentlich gemacht hat.“ Die drei und Tahar bedanken sich. Ich spüre, wie entspannt sie sind.

Die Essensausgabe endet um 21 Uhr, doch wir können im Raum bleiben und reden. Oder mit Susanne Karten spielen, einer koketten, alten Dame von vierundachtzig Lenzen, die sich jeden zweiten Abend ihrer Lieblingsbeschäftigung hingibt, dem UNO-Spiel, in Gesellschaft von Leuten, die genauso begeistert sind wie sie. Ich nutze diesen angenehmen und ruhigen Moment, um das alles zu zeichnen, während ich das Gespräch mit dem einen oder anderen fortführe.

Um 22 Uhr werden die Lichter gelöscht. Raucher dürfen im Hof bleiben, vorausgesetzt, sie stören die Ruhe nicht. Axel und Cecily schlafen – ganz selbstverständlich – im Empfangsraum. Ein Schrankbett und ein Sofa erfüllen den Zweck. Wenn die Nacht auch ohne Zwischenfälle verläuft, bleibt der Schlaf sehr leicht, da auf jeden verdächtigen Laut oder jede Bewegung geachtet werden muss.

Miodrag, *3.2.1988, † 13.8.2014

Mio war ein humorvoller junger Mann, mit dem ich mich an diesem Abend länger unterhalten habe. Ein Werbeunternehmen gab ihm ein iPhone und schlug ihm vor, seinen Alltag als Obdachloser zu dokumentieren. Seine Fotos und Berichte wurden auf Facebook veröffentlicht und er gewann Tausende von Followers!

Leider endete sein Leben auf gewaltsame, tragische Weise, ohne dass er daran Schuld getragen hätte.

Kartenspiel in der Notschlafstelle.

Abbès hat sich als der Mann für alles in der VinziRast-Notschlafstelle und im VinziRast-mittendrin unverzichtbar gemacht. Er kann basteln, reinigen, reparieren, gärtnern. Mit seiner roten Kappe ist er Teil der Institution geworden.

Zu meinem Erstaunen stehe ich plötzlich im Schlafsaal Abbès gegenüber. Ich war ihm im VinziRast-mittendrin während der Umbauarbeiten begegnet. Ich dachte, er gehöre zu einem der Facharbeiterteams. Er geht jeden Tag auf die Baustelle und er liebt es. Er bildet sich selbst aus, indem er den Arbeitern zuschaut, und er schätzt den Teamgeist, der dort herrscht. Sein Deutsch hat sich stark verbessert, doch mit mir spricht er lieber Französisch, da er Algerier ist. Er ist erst seit wenigen Monaten in Österreich. Ich weiß nicht, warum er sein Land verlassen hat, und habe auch nicht nachgefragt. Ich habe verstanden, dass es für ihn kein Zurück gab. Wie Tausende andere Migranten fand er ein einfaches Boot, mit dem er nach Italien kam. Von dort fuhr er weiter nach Kärnten und arbeitete als Saisonarbeiter in Obst- und Weingärten. Nach dem Ende der Saison suchte er sein Glück in Wien. Sein Asylansuchen wird bearbeitet. Überhaupt nicht niedergeschlagen oder pessimistisch, lächelt er stets freundlich und ist immer gut gelaunt. Er ist glücklich, in Österreich zu sein, er ist kontaktfreudig und beschwert sich nie. Er ist immer da, wenn man ihn braucht, ob im VinziRast-mittendrin oder in der Notschlafstelle.

Catherine, eine französische Journalistin, besucht die Notschlafstelle und spricht mit Abbēs über Algerien, wo sie geboren ist.

Frühstück bei Cecily für MITTENDRIN –
Aktuelles aus der VinziRast-Familie

Seit 2005 publiziert der Verein ein halbjährlich erscheinendes Mitteilungsblatt, genannt MITTENDRIN, das sich jeweils einem Thema widmet und sich zudem mit den Neuigkeiten aus der VinziRast-Familie befasst. Darin erscheinen Beiträge sowohl von Bewohnern wie auch von Mitarbeitern. Das Redaktionsteam trifft sich zwei- bis dreimal vor jedem Erscheinungstermin – immer zum Frühstück und diesmal bei Cecily. Cecily und Hannes haben jeweils ihre eigene Kolumne, die anderen entscheiden, welche Artikel sie übernehmen wollen. Einige Texte werden von den Gästen verfasst. Aleksandra ist zusätzlich für die Fotos verantwortlich.

Jeder trägt etwas bei, die Diskussion konzentriert sich auf Fragen der Übereinstimmung von ursprünglicher Idee mit der gelebten Wirklichkeit.

Das Team trifft sich immer zum Frühstück, diesmal bei Cecily.

Christian Spiegelfeld: „Im Redaktionsteam wird oft heftig diskutiert und um Qualität gerungen.“

Immer wieder treffe ich Christian. Er ist der gute Geist im Haus. Er war lange Geschäftsleiter und hat mit Doris und Cecily gemeinsam das CortiHaus und VinziRast-mittendrin aufgebaut. Seine freundliche und warmherzige Art wird von allen Bewohnern geliebt. Christian betreut auch die VinziRast-Zeitung MITTENDRIN.

November 2016

EIN WIEDERSEHEN

Mehr als drei Jahre sind seit der Eröffnung von VinziRast-mittendrin vergangen. Die Zeichnungen, die ich damals angefertigt hatte, wurden alle gerahmt und an den Wänden des Lokals mittendrin und in der Wilhelmstraße aufgehängt. Cecily und ich hatten darüber gesprochen, ein Buch daraus machen zu wollen, doch dann war ich mit anderen Projekten beschäftigt, und Cecily auch.

In den paar Tagen, die ich bei ihr verbrachte, erzählte sie mir in einem ruhigen Moment von ihren Überlegungen, sich in nächster Zeit von der VinziRast zurückzuziehen. Sie ist sich bewusst, dass ihre Nachfolge geregelt werden muss und dass es gilt, während der Übergangsphase die richtige Balance zu finden. Was mich betrifft, so möchte ich meine VinziRast-Projekte wieder aufnehmen, die ich seit der Eröffnung von VinziRast-mittendrin in der Schwebe gelassen hatte. Ich hatte nichts vorausgeplant, aber ich meine, dass wir uns zum richtigen Zeitpunkt wiedergefunden haben, um etwas zu Ende zu führen, das uns beiden am Herzen liegt.

Das Gebäude von VinziRast-mittendrin liegt sehr zentral, mitten im lebendigen Universitätsviertel.

In diesem schönen Biedermeierhaus
war ursprünglich ein Kinderwagengeschäft,
ehe es mehrere Jahre ungenutzt blieb.

Februar 2017 **WILLKOMMEN AN BORD!**

Nun bin ich also zurück im VinziRast-mittendrin. Meine Zeichnungen mögen die Wände schmücken, doch niemand – oder fast niemand – kennt mich mehr. Die Teams haben sich geändert. Das Haus hat mehrere Wechsel von Bewohnern erlebt und einige der eifrigsten Ehrenamtlichen haben sich verabschiedet. Ich habe seit vier Jahren nicht mehr im VinziRast-mittendrin gezeichnet, habe auch das Gefühl, wieder am Anfang zu stehen. Mein Programm beginnt mit einer Versammlung der Bewohner und der Verantwortlichen für das Haus. Vom ersten Jahr an hatte sich das Zusammenleben zwischen Studierenden, ehemaligen Obdachlosen und Flüchtlingen als schwierig herausgestellt und zu allerlei Konflikten geführt.

VinziRast-mittendrin ist aus dem Willen entstanden, miteinander zu leben, ohne Vorurteile und Vorrechte gegenüber anderen. Jeder Bewohner wird informiert, dass es hier um Öffnung gegenüber dem anderen geht, um Toleranz und Dialog. Cecily denkt richtigerweise, dass die Flamme der Motivation erlischt, wenn sie nicht täglich lebendig gehalten wird. Dazu dienen auch die Hausrunden, in denen es immer wieder um das Gelingen des Miteinanders einer solch heterogenen Gemeinschaft geht.

Es ist 18 Uhr. Wir sind ungefähr fünfzehn Personen im kleinen Gemeinschaftsraum im zweiten Stock. Ich freue mich, einige bekannte Gesichter wiederzusehen, unter ihnen Abbès, der Mann für alles; Christl, noch immer gleich rüstig in ihrer Rolle als nährende Großmutter, und Clemens, der den Widerspruchsgeist pflegt. Seine Gutmütigkeit und seine ätzenden Bemerkungen machen aus ihm eine ziemlich unterhaltsame Figur. Herbert fehlt, weil er in der Küche des Lokals arbeitet. Otto, den ich zuvor noch nie gesehen hatte, sticht mir mit seiner wechselnden Haarpracht und seiner glänzenden Daunenjacke ins Auge. Seine Hündin Luna klebt ihm an den Fersen. Er sitzt neben Neveen, einer entspannt wirkenden Amerikanerin. Abdirahman, ein Somalier, sitzt etwas abseits, wohl aus Schüchternheit und weil es ihm schwerfällt, der deutschen Konversation zu folgen. Von den Studierenden bleiben die meisten kaum länger als ein Jahr. Sie gehen woandershin studieren oder ziehen mit gleichaltrigen Freunden zusammen. Aber alle scheinen diese Wohngemeinschaften als einschneidende und bereichernde Erfahrung zu erleben.

Neu hier ist Sigrid, eine schlanke, blonde Studentin, mit einem Jean-Seberg-Haarschnitt. Cecily eröffnet die Versammlung, indem sie Renate das Wort erteilt, die sich vorstellt. In der Tat haben einige Mieter sie noch nicht kennengelernt. Sie fragen sich, was ihre Rolle im Haus sein mag. Dann ist Dagmar an der Reihe, eine ehemalige Marathon-Spitzenläuferin. Sie begleitet einige Bewohner der VinziRast-Notschlafstelle einmal in der Woche zum Joggen in den Augarten. Alle werden eingeladen, sich ihr anzuschließen. Sie beeindruckt mich mit ihrer sprühenden Vitalität.

Nach der Einleitung werden die Punkte der Tagesordnung abgearbeitet. Das Rauchverbot, das vor einigen Wochen für die Gemeinschaftsräume beschlossen wurde, stößt jetzt auf allgemeine Ablehnung. Einige beschweren sich über die Einschränkung ihrer Freiheit, andere über den Verlust an Geselligkeit. Niemand hat eine schnelle Lösung, also wird das Verbot bis auf weiteres aufrechterhalten. Dann kommen die materiellen Fragen: Wasserlecks in den Duschräumen, die Schaffung einer allgemeinen Kasse für Reparaturen, die Betreuung des Gartens auf der Dachterrasse. Renate, die Hausleiterin von VinziRast-mittendrin, möchte Teams aufstellen, die sich bei der Reinigung der Gemeinschaftsräume abwechseln. Sigrid und Jonas melden sich freiwillig zur Gartenarbeit. Belustigt erlebe ich diese menschliche Komödie, die sich seit Anbeginn der Zeit in allen Breiten abspielt. Idee und Realität prallen in einem solch ambitionierten Projekt besonders krass aufeinander.

DIE ENTDECKUNG DER VINZICHANCE

Am nächsten Morgen springe ich bei der Haltestelle Schwarzspanierstraße, dem letzten Halt vor der Endstation Schottentor, aus dem 38er und steuere auf Mittendrin zu. Es ist kurz vor neun Uhr. Das Restaurant im Erdgeschoß öffnet erst um zehn Uhr. Doch die Seitentür ist angelehnt und ich schlängle mich hinein, um in den Hof und zum Stiegenhaus zu kommen. Im Vorbeigehen grüße ich Heimo, einen der Kellner, der die Tische deckt. Durch das Fenster der Küchentür sehe ich, wie Herbert gerade Gemüse schält. Dann eile ich die Wendeltreppe hinauf, die in den zweiten Stock führt.

Die Deutschkurse finden jeden Tag im Studierzimmer statt, einem großen, hellen Raum. Die ehrenamtlichen Lehrer*innen sitzen jeweils an ihrem Tisch und empfangen die ersten Ankömmlinge. Junge Männer aus Afghanistan, dem Irak, dem Iran, Syrien, aber auch aus Schwarzafrika oder dem Maghreb. Die Fortgeschrittenen sind bei Eva Maria, einer ehemaligen Journalistin, und die Anfänger bei Yola. Beide geben das Programm des Tages bekannt und verteilen dann Aufgaben, deren Angaben abwechselnd gelesen werden.

Die Gespräche beginnen. Die Schüler, die bereits die Grundzüge der Grammatik und genug Vokabeln beherrschen, bilden ganze Sätze. Bei der Stellung des Verbs und den Deklinationen kommen sie ins Schwimmen. Eva Maria geht mit Methodik und Geduld vor, analysiert jede Schwierigkeit. Am Anfängertisch probiert Yola spielerische Methoden, um die Grundlagen einzuschärfen. Wie heiße ich? Woher komme ich? Welches Verkehrsmittel brauche ich, um herzukommen? Die Fortgeschrittenen helfen ihren Nachbarn, die Schwierigkeiten haben. Konzentration erfüllt den Raum, da und dort höre ich Erklärungen auf Persisch oder Arabisch, und Gelächter.

Die Stunde vergeht schnell. Die Lehrer und Lehrerinnen bemühen sich, die Schüchternen zum Reden zu bringen. Ich bemerke einen sehr jungen Mann, fast noch ein Jugendlicher, der sich unter den

Herbert hat beim Umbau von VinziRast-mittendrin mitgearbeitet. Er war einer der ersten Bewohner und hilft auch im Lokal.

Sprachunterricht jeden Vormittag im Studierzimmer des VinziRast-mittendrin.

Eva Maria: „Im Deutsch-als-Zweitsprache-Lehrgang hat man mir beigebracht, einfache Texte zu lesen, zu besprechen und dann erst die Grammatik herauszufiltern. Das klappt!

Barbara wird heute von Yola begleitet, die ihr assistiert und selbst ehrenamtliche Lehrerin werden will.

Schirm seiner Mütze flüchtet und die ganze Zeit auf seinem Smartphone herumtippt.

Zehn Uhr. Nach einer kurzen Rauchpause im Hof begeben sich die Schüler in die Werkräume der VinziChance. Nur J., der eifrigste, bleibt zurück, liest noch einmal seine Mitschrift durch, stellt eine letzte Frage und führt das Gespräch mit den Lehrerinnen weiter.

Ich durchquere den hübschen Innenhof. Lange Klapptische aus lackiertem Holz, gesäumt von Bänken, stehen aneinandergereiht unter einer Weinlaube, die den Innenhof von den oberen Stockwerken und den Wohnungen trennt, in denen die Bewohner von Mittendrin leben. Am Ende des Hofs lehnen die Fahrräder am Geländer, direkt gegenüber der Eingangstür zu den VinziChance-Werkräumen. Ich bleibe im Textilatelier. Barbara, eine kleine, blonde Frau, und Mbaye, ein großer Kerl aus dem Senegal, sind über ein Stück Stoff aus Leinen oder Baumwolle gebeugt. Sie nehmen Maß und bringen Markierungen mit einem Bleistift an. Versunken in ihre Arbeit, bemerken sie mich kaum. Direkt neben ihnen nähen Amirullah und Baratali,

„Es ist eine ideale Kombination, weil es einander ergänzende Ansätze sind und ich so einen besseren Bezug zu jedem einzelnen Teilnehmer bekomme. Das Wichtigste ist, dass jeder sich wohl fühlt – egal, ob er mehr oder weniger begabt ist. Ich versuche, bei jedem Fähigkeiten zu entdecken und diese zu erweitern. Durch den ständigen Austausch lerne ich selbst viel und es freut mich, bei etwas Sinnvollem mitzumachen."

Als Projektleiterin der VinziChance ist Elena häufig in den Werkräumen anzutreffen.
„Viele unserer Teilnehmer sind noch im Asylverfahren. Ihr Alltag ist geprägt durch langes Warten und das Fehlen sinnvoller Beschäftigung. Bei uns bekommt ihr Tag Struktur, sie lernen Deutsch, gehen in der kreativen Tätigkeit auf und fassen neuen Mut und Vertrauen."

Baratali ist Afghane.
Ab dem Alter von sechs Jahren wird er in einer Fabrik eingesetzt, in der er zwölf Stunden pro Tag Teppiche knüpft. Später lernt er, wie man Blumen auf Kleider appliziert, und wird Schneider. Er hat nie eine Schule besucht.

Er ist der einzige Profi im Werkraum und froh, seinen Kameraden helfen zu können, er zeigt ihnen, wie man anhand eines Schnittmusters ein Kleidungsstück zuschneidet, faltet, heftet und herstellt. Nähen beschäftigt ihn, lenkt ihn von seinen Sorgen ab. Er würde sehr gern den ganzen Tag hier arbeiten.

Harald, ein begeisterter Radfahrer,
teilt seine ERfahrung mit Samuel und Malik.

beide junge Afghanen, eifrig mit der Maschine die Stücke aneinander, die Barbara und Mbaye für sie vorbereiten. Stoffrollen und Tuche, die sorgsam gefaltet und auf Regalen verräumt sind, füllen eine ganze Wandfläche, während gegenüber, zwischen den Nähmaschinen, die Kreationen hängen: eine Kollektion aus Taschen und Umhängetaschen sowie Schürzen. Die Mehrzahl der Accessoires wird auf Basis von naturfarbenem Leinen hergestellt, verziert mit Stoffteilen aus Baum wolle, mit dünnen blauen oder roten Streifen. Ein schlichter und ökologischer Stil mit hohem Wiedererkennungswert, der natürliche Textilien, Pastellmotive und einfache Schnitte bevorzugt.

Im Textilatelier sind die Ehrenamtlichen alles Frauen, der Fahrradreparaturwerkraum und die Tischlerei sind Männerdomänen. Helmut, verantwortlich für die Fahrräder, überzeugt als guter Pädagoge. Die jungen Leute bemühen sich schweigend, die sorgfältigen Handgriffe nachzumachen. Von

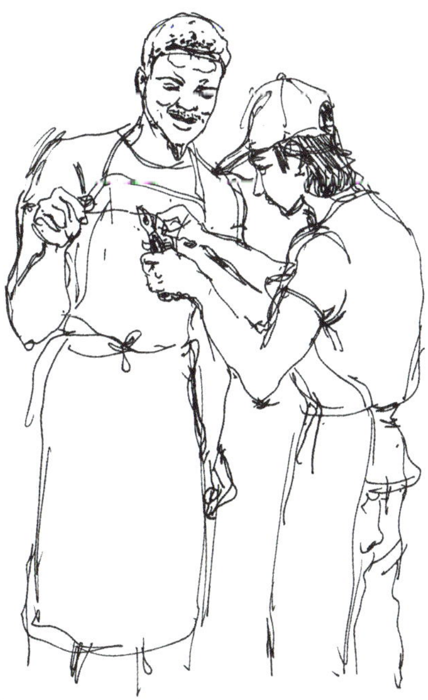

Samuel und Malik arbeiten immer als Tandem.

Zeit zu Zeit lächeln sie sich zu. Je nach Tag ändert sich die Geräuschkulisse, orientalische, arabische oder deutschsprachige Musik wechseln sich ab.

Ein Gang trennt den Radwerkraum von der Tischlerei. Die Tür ist geschlossen, um den Nachbarn den Lärm und den Staub der Sägerei zu ersparen. Es sind ziemlich viele Leute in diesem Raum, der schon allein durch die Maschinen, Werkzeuge aller Art, Holzbestände und andere Materialien gut gefüllt ist. In jeder Ecke, jedem Winkel wimmelt es von Details, die meine Aufmerksamkeit und Neugier auf sich ziehen. Die Werkzeuge sind sorgfältig an Platten befestigt, die an die Wand montiert sind.

Thijs, der Cheftischler, empfängt mich voller Gutmütigkeit, das Gesicht erhellt von einem breiten Lächeln und sprühenden blauen Augen. Er scheint direkt einem skandinavischen Märchen entstiegen zu sein mit seiner schelmischen Koboldgestalt, seinem spitzen, feinen Bart, seiner schneeweißen Haarsträhne, die unter seiner Strickmütze voller Streifen

„Ich bin fast jeden Tag in der Werkstatt, zum Glück werde ich von einem zweiten Tischler unterstützt."

in allen Farben hervorlugt. Thijs hat einen besonderen Status. Er hat sich gewissermaßen die VinziChance zu seinem Zuhause gemacht. Er ist jeden Morgen da, manchmal auch am Nachmittag. Allein in seiner Höhle, führt er anstehende Arbeiten fort oder erledigt einfache Dinge und Reparaturen im Gebäude.

An den Vormittagen stehen ihm mehrere Ehrenamtliche zur Seite, ehemalige professionelle Tischler, die abwechselnd ihre jungen Lehrlinge betreuen – vier Flüchtlinge, die beschlossen haben, mit Holz zu arbeiten: J. und Kamran, beide Iraner, Korwi, ein Iraker, und Mutalib, der Afghane. Kamran ist der Einzige, der schon in seinem Herkunftsland als Tischler gearbeitet hat. Korwi hat seinerseits Erfahrung mit Gips und Stuck. Was Mutalib betrifft, so war er Schneider, doch wollte er einen neuen Beruf erlernen. J., der Zurückhaltendste, hat nichts über seine Vergangenheit preisgegeben. Doch über seine Motivation und sein Durchhaltevermögen sowie über sein echtes Talent sind sich alle einig, sowohl im Deutschunterricht wie in der Werkstatt. Alle sehen in ihm den Intellektuellen der Gruppe, den Künstler mit sanftem Gesicht, melancholischer Miene und zarten, gepflegten Händen.

Die Bedienung der verschiedenen Maschinen zum Aussägen, Schneiden oder Abschleifen erfordert die Anwesenheit von mindestens zwei ehrenamtlichen Trainern. Die Arbeit mit den jungen Männern wiederum erfordert Geduld, Strenge und guten Willen, umso mehr, als die Sprachbarriere ein zusätzliches Handicap darstellt. Vor allem für Thijs, der manchmal frustriert ist, weil er nicht besser kommunizieren,

Verschiedene Materialien sowie Bestände von Textilien oder Holzobjekten sind in Kartons geordnet, in Regalen, die eine ganze Wand bekleiden. Es gibt da Spielzeug und Küchenzubehör

aus Holz, Etuis und Mappen in allen möglichen Farben und Formen, Topfhandschuhe und Geschirrtücher, Tischsets und Servietten sowie entzückende Eierwärmer in Häschenform für den Ostermarkt.

Jacqueline besuche ich zu Hause.
Sie ist Regisseurin und die
Erfinderin der VinziChance.
„Cecily hat mir von drei Werkräumen
erzählt, die seit der Eröffnung des
Mittendrin in der Währinger Straße
noch unbenützt blieben.
Ich sah mir die Räume an,
sie hatten das Potenzial, um
daraus eine Näherei, eine
Fahrradwerkstatt und
eine Tischlerei
zu machen.
Handwerk als
Mittel zur
Integration,
das hat mich
fasziniert.

Jacqueline Kornmüller

VinziChance, Kreativbeirat

Jacqueline Kornmüller und Niki Wildner haben das monatliche Treffen des „Kreativbeirats" eingeführt. Hier gilt es neue Ideen für die Herstellung von Gegenständen in den Werkräumen zu finden, die bei den jährlichen Weihnachts- und Ostermärkten gegen Spenden angeboten werden.

Einmal nehme ich an einer dieser Besprechungen teil. Es sind fünf Frauen um einen Tisch versammelt. Renate und Elena haben die letzten Erzeugnisse und Prototypen der Tischlerei- und Textilwerkräume ausgebreitet. Jacqueline greift zum neuen Modell einer Umhängetasche. Sie gefällt allen. Außerdem gibt es Schminktäschchen, Topflappen, Schutzeinbände für Ordner aus naturfarbenem Leinen oder aus bedruckten Stoffen. Die Produkte der VinziChance haben einen unmittelbar erkennbaren Stil. Jacqueline besteht auf der Beachtung dieser typischen Merkmale.

Andere Kriterien gelten der Machbarkeit und den Produktionskosten. Jacqueline und Niki geben wiederverwerteten Materialien den Vorzug, die umsonst oder günstig zur Verfügung stehen, damit die einzelnen Gegenstände rentabel bleiben. Das Ziel ist, die Betriebskosten der VinziChance zu decken.

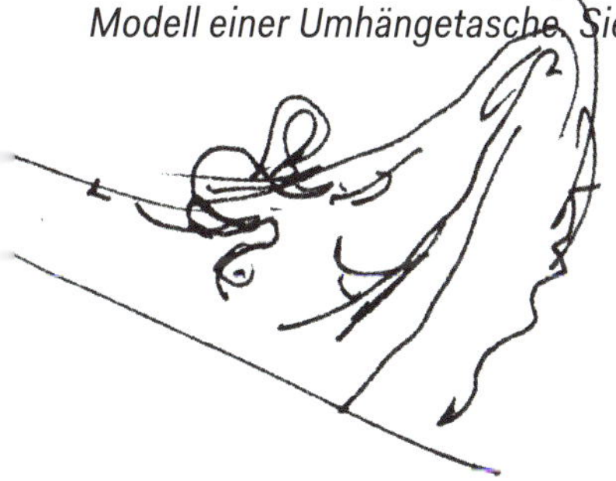

sein Können und seine Erfahrung nicht so gut vermitteln kann, wie er es gerne möchte. Doch das hemmt sein Mitteilungsbedürfnis keineswegs. Er ist immer in Bewegung, zeigt ohne Unterlass, wie jedes Element zu messen, zu schneiden, zu schnitzen, zu montieren, zu nageln und zu kleben ist. Während er arbeitet, redet er unentwegt über seine Lieblingsthemen: die Oper, die Geschichte der Zivilisationen oder auch seine Reisen. Auf den Regalen bemerke ich eine Reihe kleiner Skulpturen von Figuren oder Tieren. Um die Routine etwas aufzulockern, holt Thijs einige Modelle aus seiner persönlichen Sammlung und fordert diejenigen zusätzlich heraus, bei denen er ein Potenzial und eine künstlerische Ader spürt.

Nachdem ich zwei oder drei Stunden intensiv gezeichnet habe, mache ich gern eine Pause im Lokal. Ich setze mich auf eine Bank gegenüber der Bar, nippe an meinem Kaffee und lasse meine Gedanken schweifen. Ich beobachte die Menschen. Manche Details der Kleidung, des Verhaltens, des Gesichtsausdrucks sowie Bruchstücke von Gesprächen ziehen meine Aufmerksamkeit auf sich und ich bilde sie in meinen Notizbüchern ab. Manchmal lehne ich mich an die Bar, um den Bewegungen der Kellner zu folgen und ein paar Worte mit ihnen zu wechseln. Im Team gibt es sowohl langjährige Kollegen von Shabi wie auch ehemalige Obdachlose und Flüchtlinge, die jetzt Bewohner im VinziRast-mittendrin oder im VinziRast-CortiHaus sind, sowie einige ehrenamtliche Helfer.

Shabi ist Küchenchef im VinziRast-Lokal.
Er erinnert sich:
„Mit Unterstützung von Studierenden
und Helfern und Helferinnen

aus der Notschlafstelle haben wir die Bar gebaut und die Decke eigenhändig mit Kistenholz tapeziert. Es war eine sehr aufregende Zeit, wir waren alle Feuer und Flamme – und sind es bis heute."

März 2017

TAG UND NACHT

Heuer ist der Frühling früh dran und der Wetterbericht verheißt sommerliche Temperaturen. Im Lokal mittendrin hat Shabi Tische und Holzbänke in den Hof bringen lassen, unter die Weinlaube. Jeden Tag zu Mittag füllt sich der Hof mit Studierenden der umliegenden Universitäten, mit Angestellten oder Leuten aus der Nachbarschaft. An diesem Vormittag genieße auch ich die milde Luft und die Sonne. Ich gehe in den obersten Stock auf die Dachterrasse, um zu sehen, ob die Blumen und das Gemüse schon wachsen. Thijs, Abbès und Dominik sind gerade dabei, Stangen in regelmäßigen Abständen entlang der Mauer aufzustellen, zwischen denen sie drei Reihen von Eisendrähten spannen. Das Gärtnerteam hat Tomatensetzlinge erhalten und aromatische Kletterpflanzen. Sie wollen das für die ganze Woche angesagte schöne Wetter nutzen, um zu gärtnern.

„Wenn ich gefragt werde:
„Was machst du, Shabi?"
sage ich nie, dass ich nur koche.
Ich sehe das als Gesamtwerk,
es ist kein normaler Lokaljob.
So ein bunt zusammengewürfeltes
Personal wie im mittendrin gibt es
in keinem anderen Lokal. Unsere Küche
spiegelt diese Buntheit wider."

An diesem Nachmittag werde ich in der Notschlafstelle erwartet, um an der Versammlung von Ehrenamtlichen teilzunehmen, die regelmäßig ihre Erfahrungen austauschen. Heute ist die Gruppe rein weiblich. Sie sind zu zehnt rund um den Tisch versammelt, sprechen von ihren Erlebnissen und Problemen, die sie beschäftigen. Das Thema Sauberkeit in den Duschen und Klos wird angesprochen. Solveig schlägt vor, die Wohnungen mit einem Duschschlauch auszustatten, da es unter den Bewohnern immer mehr Moslems gibt, die nicht gewohnt sind, Klopapier zu verwenden. Ihre Idee wird einstimmig angenommen.

Dann kommt das schwierige Thema der Intimsphäre zur Sprache. Die VinziRast ist eine der wenigen Einrichtungen für Obdachlose, die Paare aufnimmt und ihnen erlaubt, im selben Bett zu schlafen. Elisabeth P., die seit kurzem die VinziRast-Notschlafstelle leitet, erinnert daran, dass diese Paare verstehen müssen, dass sie nicht allein im Zimmer sind. Anders, als man vielleicht glauben möchte, sind es manchmal Frauen, die es auf junge ausländische Männer abgesehen haben oder diese zu Unrecht beschuldigen, sie belästigt zu haben. Die Teambesprechung endet aber in heiterer Stimmung, da sich die Damen auch witzige oder berührende Anekdoten erzählen, die ihre Nachtdienste verschönert haben.

Die Mitarbeiter*innen treffen sich regelmäßig, um Erfahrungen auszutauschen. Eine Notwendigkeit, die verbindet. Man lernt viel von einander.

Ich bereite mich auf meinen zweiten Abend vor Ort vor. Kein Abend ähnelt dem anderen. Man weiß nie im Vorhinein, wie viele Leute erscheinen werden, ob Betten nach 21 Uhr, der Frist für die Angemeldeten, frei werden würden, wie lang die Warteliste sein wird oder wie viele Leute weggeschickt werden müssen. An diesem Abend kommen ein Vater und seine zwei Söhne im Alter von dreizehn und vierzehn Jahren. Leider darf die Notschlafstelle Minderjährige nicht aufnehmen. Cecily bietet ihnen Sandwichs an, bis der Vater entscheidet, was er zu tun beabsichtigt.

Dann ist ein junger Algerier an der Reihe. Wieder einmal gibt es kein freies Bett mehr. Christian L. tätigt ein paar Anrufe und bekommt eines in einer nahegelegenen Notschlafstelle. Er zeichnet einen Plan, um dem jungen Mann zu zeigen, wie er dorthin kommt. Cecily und Christian bemühen sich trotz des großen Andrangs von jedem Einzelnen in wenigen Sekunden zu erfahren, woher er kommt, wer er ist, was seine dringendsten Bedürfnisse sind. Wenn sie auch kein Bett zur Verfügung haben, so wollen sie doch einige Minuten echter Aufmerksamkeit schenken und lassen niemanden gehen, ohne ihm oder ihr eine kurze Rast gegönnt und eine kleine Mahlzeit angeboten zu haben. Die Unterbringung allein gilt für Cecily gar nichts ohne ein kurzes Gespräch. Eine Ethik der Aufnahme, die gar nicht so einfach ist, da in der Regel drei Viertel der Obdachlosen kein Deutsch spricht. Die Ehrenamtlichen schlagen sich so gut es geht mit Englisch oder Französisch durch. Sie lassen sich auch von Gästen helfen, die genug Deutsch können, um als Dolmetsch einzuspringen.

Menschen aus Osteuropa, dem Balkan, dem Nahen Osten, aus Asien, Schwarzafrika, dem Maghreb ... Man reicht einander das Salz und wünscht lächelnd guten Appetit. Ich

Er ist 18 und kommt aus dem Senegal.

kann nicht glauben, dass es bei solch körperlicher Nähe nicht zu mehr Spannungen und Misstrauen kommt. Natürlich treten von Zeit zu Zeit Reibereien auf, aber rassistische Äußerungen etwa werden nicht toleriert, das schreibt die Hausordnung der Notschlafstelle deutlich vor. Im Wiederholungsfall können sie sogar zum endgültigen Ausschluss führen. Die Ehrenamtlichen sind bei dieser heiklen Frage äußerst wachsam.

Es ist bald 21 Uhr. Fast jeder ist mit dem Abendessen fertig und begibt sich Richtung Schlafsaal oder in den kleinen Innenhof. Die zwei Köche verabschieden sich. Nicholas, der eine der Wohnungen mit einem anderen teilt, kommt, um die Küche zu putzen. Zwei bis drei andere Bewohner des Hauses schauen, was in den Kochtöpfen geblieben ist. Sie dürfen essen, was um 21 Uhr noch übrig ist, nachdem alle Gäste der Notschlafstelle ihren Hunger gestillt haben.

Hristo

Hristo ist Dauergast in der Notschlafstelle, trägt nur schwarze Kleidung, pflegt seine langen, grauen Locken und seinen Bart.
Er schmückt sich sowohl mit einem Kreuz wie auch mit dem Emblem seines Lieblingsfußballteams.
Er spricht ungern über seine Vergangenheit in Bulgarien, erzählt lieber von seinen Erlebnissen als Statist in TV-Serien.

Bei der jungen, feschen Joana habe ich mich getäuscht. Ich dachte, sie sei eine ehrenamtliche Mitarbeiterin. Sie ist aber Zagors Freundin. Beide kommen aus Rumänien.

Zagor

Joana

Zagor ist mit einer Gruppe von Rumänen befreundet, die Stammgäste in der Notschlafstelle sind – eine fröhliche Runde. Sie sprechen kaum Deutsch, finden aber immer einen Landsmann, der für sie übersetzt.

Oleg kommt aus der Ukraine, hat aber auch in Russland gelebt. Er erzählt mir, dass er Maler ist und sogar in Paris auf der Straße Porträts gezeichnet hat. Er freut sich, mit mir über die großen Maler der Vergangenheit zu sprechen, die ihn beeinflusst haben.

Oleg

Seide

Im Speiseraum ist mir Seides Hilfsbereitschaft und Höflichkeit aufgefallen. Sein Gesicht macht mich betroffen: Er scheint so jung und gleichzeitig desillusioniert. Er erzählt mir, dass er halb Afrikaner, halb Brasilianer ist – in Brasilien geboren, aber seine Mutter starb, als er drei Jahre alt war. Mit dem Vater ist er nach Afrika zurückgekehrt und dort aufgewachsen. Im Teenageralter kam er nach Österreich. Er ist jetzt 25 und schon Vater eines kleinen Mädchens. Er wohnt, wo immer er eine Herberge findet. Er klingt verloren und weiß nicht, wie er sein Leben meistern soll.

Anthony

Anthony sitzt im Eingang mit einem Freund, den er in Wien kennengelernt hat – auch er Nigerianer. Beide haben die Reise durch Afrika und bis Europa riskiert. Sie sind in Libyen steckengeblieben.

„Die Hölle auf Erden", sagt sein Freund. Wie es ihnen von dort gelungen ist, das Mittelmeer zu überqueren, erzählen sie nicht. In Lampedusa wurden sie in ein Lager gebracht.

Beide sind erst seit ein paar Monaten in Wien. Ich merke, dass Anthony, obwohl er eine Mütze trägt, eine tiefe Falte auf der Stirn hat. In seinem Blick spiegelt sich eine unendliche Traurigkeit.

Sasha

Sasha ist aus Mazedonien und mit Veroljub, der für ihn übersetzt, befreundet.

Nachdem ich ihn gezeichnet habe, will er mir etwas auf seinem Handy zeigen. Es ist ein kurzes Video, das mich mitten in eine Kriegsszene wirft: Es ist Nacht und man sieht, wie eine Gruppe gestikulierender und schreiender Soldaten in alle Richtungen schießt und Häuser überfällt, aus denen terrorisierte Menschen im Pyjama fliehen, die Arme hochgestreckt.

Der Horror des Krieges strömt aus seinem Bildschirm. Ich bin fassungslos, dass dieser lächelnde Mann Soldat war.

Veroljub

Veroljub ist 25 Jahre alt. Ich staune, dass er so gut Deutsch spricht, und erfahre, dass er mit 14 nach Österreich gekommen ist. Er ist verheiratet und auch schon Vater eines zweijährigen Sohnes und einer Tochter, die gerade geboren ist. Seine Frau und Kinder wurden in einem Frauenheim untergebracht.

Ich mache neue Bekanntschaften. Simone hilft im Haushalt und beim Aufräumen des Hauses. Sie bewohnt die einzige Frauenwohnung im ersten Stock. Seppi ist sehr schelmisch und ein wenig provokant. Michi H. ist von meinen Zeichnungen fasziniert und bombardiert mich mit Fragen. Eine Stunde und ein paar Zeichnungen später diskutieren wir immer noch.

22 Uhr. Zum ersten Mal schlafe ich vor Ort. Cecily hat Nicholas gebeten, eine Matratze vom Dachboden zu holen und sie in das Büro im ersten Stock zu legen. Sie gibt mir saubere Bettwäsche, ein Handtuch und ein Duschgel. Ich bin nicht unglücklich darüber, früh schlafen zu gehen, weil ich an dem Abend jede Menge Leute kennengelernt, gezeichnet und ihnen zugehört habe. Ich mache bald das Licht aus, doch schlafe ich nicht gleich ein. Das Büro schaut auf den kleinen Innenhof, von wo ich ein Flüstern höre. Ein tragbares Radio spielt gedämpft orientalische Melodien. Fast wähne ich mich in Algier oder in Istanbul.

Sechs Uhr. Als ich aufwache, werfe ich einen Blick in den Hof auf das Kommen und Gehen der ersten Raucher, auf jene, die aus der Dusche kommen, und auf die, die schon bereit sind für das Frühstück, das ab 6.30 Uhr serviert wird. Jeder stürzt schnell seinen Kaffee hinunter, halb verschlafen oder voller Sorge angesichts eines neuen Tages, der bewältigt werden muss. Doch die Zeit drängt, denn vor acht Uhr müssen das Bett gemacht, die Sachen im kleinen eigenen Kasten verräumt und die Tasche für den Tag gepackt sein.

Eine Viertelstunde vorher dreht Cecily im Schlafsaal ihre Runde, rüttelt jene auf, die Schwierigkeiten haben aufzuwachen, kontrolliert, ob die Betten sauber und ordentlich gemacht, die Kleidungsstücke sorgfältig gefaltet, die Hausschuhe an ihrem Platz in den Drahtkörben sind, die an den Stangen der Stockbetten angebracht wurden. Jede Nachlässigkeit wird im Dienstbuch der jeweiligen Nacht notiert und dem Betreffenden am Abend mitgeteilt. Die Schmutzwäsche landet auf einem Haufen und wird in Säcke gesteckt, die einmal pro Woche von Ehrenamtlichen zur Wäscherei gebracht werden. Simone, Sorina, Joni und Kristof holen Kübel, Besen und Mopp und teilen sich die Putzarbeit auf. Um 8.30 Uhr verabschiedet sich Cecily von der Mannschaft und geht mit mir im Laufschritt zur U6, um nach Hause zu fahren. Ich bin fünfundzwanzig Jahre jünger, aber ich habe Mühe, ihr zu folgen.

Nachdem alle Gäste am Morgen die Notschlafstelle verlassen haben, versammeln sich einige Bewohner des VinziRast-CortiHaus im Innenhof zu einer ersten Zigarette – und helfen beim Putzen.

Mai 2017

ÜBER DAS ZEICHNEN HINAUS

Ich komme jeden Tag zur VinziChance. Früher war ich nur Beobachterin, habe vor allem gezeichnet. Jetzt mache ich mich lieber nützlich und biete jenen meine Hilfe an, die Mühe haben zu verstehen oder Hilfe bei der Bewältigung ihrer Aufgaben benötigen. Außerdem fange ich an, alle besser kennenzulernen. Ich habe bemerkt, dass die jungen Afghanen schnell aufgeben und sich mit ihrem Smartphone beschäftigen, wenn man sich nicht um sie kümmert. Malik, der Jüngste, dessen Gesicht immer unter einer Schirmmütze verdeckt ist, neigt dazu, sich in sich selbst zurückzuziehen. Heute habe ich fast die ganze Deutschstunde damit verbracht, mit ihm zu arbeiten. Sein jugendliches Gesicht wird lebendig und schelmisch, wenn er sich endlich entschließt, den Kopf zu heben. Er ist durchaus in der Lage, zusammenhängende Sätze zu bilden und auf meine Fragen zu antworten. Gegen Ende der Stunde blödle ich mit ihm und seinen Freunden Amirullah und Mutalib herum, die auch solche Spaßvögel sind.

Peter: „Nur schreiben und Grammatik lehren interessiert mich nicht. Ich versuche mir Übungen auszudenken, an denen die gesamte Gruppe gleichzeitig teilnehmen kann. Ich schätze die individuelle Hilfe, weil daraus ein persönlicheres Gespräch entstehen kann“.

Wir gehen gemeinsam hinunter in die Werkräume. Baratali, einer ihrer Kameraden, ist, über eine Nähmaschine gebeugt, schon am Arbeiten. Angie rollt einen glänzenden, mit Sonnenblumen bedruckten Stoff aus, der eine schöne Abwechslung darstellt zu den Stoffen aus naturfarbenem Leinen oder mit den roten und blauen Streifen, die für die Herstellung von Taschen und Pölstern verwendet werden.

An diesem Morgen ist ein Auftrag hereingekommen: Vorhänge für alle Wohnungen im VinziRast-mittendrin nähen. Angie und Mbaye sind begeistert, da sie freie Hand bei der Wahl der Stoffe haben.

In der Fahrradwerkstatt leitet heute Florian die jungen Reparaturlehrlinge an. Malik unterbricht seine Arbeit und kommt mit einer schönen, großen Schale Cappuccino, die er mir hinhält. „Für dich", sagt er mit einem strahlenden Lächeln. Von jetzt an wird er mir jedes Mal, wenn ich komme, einen Kaffee bringen: Seine Art, sich bei mir zu bedanken, dass ich ihm im Deutschkurs geholfen habe.

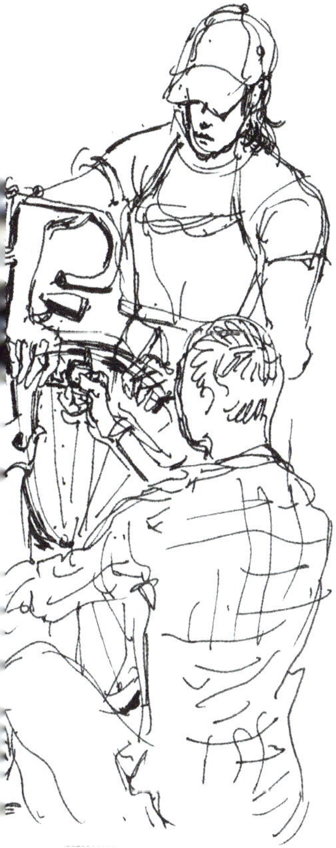

Dominik: „Ich bin 19 Jahre alt. Nach meiner Matura wollte ich ein Jahr Pause machen, bevor ich mein Studium beginne.

Dominik

Ich habe mich um eine Stelle als Zivildiener bei der VinziRast beworben und wurde genommen. Ich unterstütze Renate und Elena bei allem, was im VinziRast-mittendrin anfällt.

Ich helfe auch den Ehrenamtlichen. Es ist nicht das erste Mal, dass ich mich mit jungen Flüchtlingen befasse. Als ich 13 war, haben meine Eltern jedes Wochenende einen afghanischen Flüchtling in meinem Alter, der in einem Heim in der Nähe von uns lebte, zu sich genommen

Er hatte seine ganze Familie bei Bombenangriffen verloren. Als er ankam, litt er unter gravierenden Folgeerscheinungen und musste an den Ohren und an einem Bein operiert werden. Wir haben ihn im Spital besucht. Ich war sehr beeindruckt, weil er seine ganze Freizeit zum Lernen verwendete. Er schrieb Vokabellisten und wollte, dass ich ihn abfrage. Das hat mich geprägt. Wir sind weiterhin gemeinsam aufgewachsen und fast zu Brüdern geworden. Er hat die Matura mit sehr guten Noten bestanden und ein Stipendium bekommen, um Chemie zu studieren."

Zu Mittag werden die Werkräume im Handumdrehen aufgeräumt. Man holt die Tischböcke heraus, auf die man eine alte Türe legt, das Ganze fungiert dann als Tisch. Die Radwerkstatt verwandelt sich in einen Essraum und Shabi bringt eine Mahlzeit, die aus den Resten der köstlichen Gerichte des Vortags hergestellt wurde. Das ist der gesellige Abschluss des arbeitsreichen Vormittags. Ehrenamtliche und Teilnehmer lernen einander dabei besser kennen.

Im Laufe des Essens erfahre ich zu meinem Erstaunen, dass die Afghanen Analphabeten waren, als sie in Österreich ankamen. Anders als die Syrer und die Iraner hatten die Afghanen nie eine Schule besucht. Sie sind alle vier Opfer des Taliban-Regimes, seiner Verbote und seiner Verfolgung.

Ab dem Alter von sechs Jahren wurden sie zur Arbeit in Teppichwerkstätten eingesetzt. Später wurde Mutalib Schneider, Malik Mechaniker und Amirullah Tischler. Ich erkenne die dreifache Schwierigkeit, mit der sie konfrontiert sind: Lesen und Schreiben lernen in einer Sprache, die nicht die ihre ist. Der Erwerb der deutschen Sprache hat absolute Priorität, die Zauberformel, um bei Gesprächen mit den Behörden bestehen zu können, in der Hoffnung auf Asyl. Der Schlüssel zu verschlossenen Türen einer Anstellung und der Integration in ein immer feindlicher werdendes Umfeld.

Malik erzählt, dass er jeden Tag in den öffentlichen Verkehrsmitteln rassistischen Anfeindungen ausgesetzt ist: „Geh dorthin zurück, wo du herkommst, wir wollen hier keine Islamisten", „moslemisches Dreckschwein" etc. Er fragt sich: „Trauen sich die Leute uns zu beschimpfen, weil sie glauben, dass wir kein Deutsch verstehen? Ich bin ruhig gegenüber einer Dame gesessen, die über mich mit ihrer Nachbarin gesprochen und furchtbare Dinge gesagt hat. Ich habe sie angeschaut und gefragt: „Warum sagen Sie so etwas? Sie kennen mich doch gar nicht." Sie hat irritiert geschaut und sich weggedreht. Jeden Tag fühlt sich Malik gedemütigt und verletzt von den Vorurteilen der Leute, ihrem Misstrauen und manchmal dem Hass, den er in ihren Augen sieht. „Nur bei der VinziChance fühle ich mich nicht beurteilt, nur hier spricht man mit mir von gleich zu gleich und nicht wie mit einem Minderwertigen."

Amirullah hat in Afghanistan als Maler, Tischler und Handwerker gearbeitet. Er hat Malik in Wien kennengelernt, zwischen den beiden hat sich eine echte Freundschaft entwickelt.

Sein Bericht wird von den anderen aufgegriffen. Sie sagen, dass sie im Unterricht und in der Arbeit in den Werkräumen ein Gefühl der Würde und der Nützlichkeit erleben. Nichts ist ärger als Vereinsamung und Untätigkeit. Auch haben sie Schwierigkeiten, gleichaltrige Österreicher zu treffen. Abgesehen von der Sprachbarriere wird ihnen ein sozialer Status zugewiesen, der ihnen die Anerkennung verwehrt. Die VinziChance ist der einzige Ort, an dem sie so etwas wie eine Ersatzfamilie finden.

Nach dem Mittagessen schlage ich Malik vor, sein Porträt zu zeichnen. Ich frage ihn, wie er nach Österreich gekommen ist. „Ich bin meinem älteren Bruder gefolgt", antwortet er, „er hat Afghanistan vor mir verlassen. Er hatte Englisch gelernt und als Dolmetscher für die Amerikaner gearbeitet."

„Die Taliban suchten nach ihm, da sie ihn als Verräter ansahen." „Und deine Eltern?" Maliks Blick wendet sich ab. „Ich habe keine Eltern mehr." Ich traue mich nicht, weiter zu fragen. Doch er fährt fort: „Sie sind tot, meine kleine Schwester auch. Die Taliban haben sie getötet." „Warst du nicht dort?" „Doch, aber ich hab mich versteckt." „Wie alt warst du?" „Vierzehn." „Und deine kleine Schwester?" „Acht." Malik schweigt kurz. „Mein Onkel hat mich aufgenommen, aber er konnte mich nicht bei sich behalten."

„Ich bin eines Nachts mit anderen Jungen weggegangen. Wir waren vier Monate zu Fuß unterwegs." Malik hat vor zwei Jahren seinen Bruder in Wien wiedergefunden. Jetzt ist er 19 und hat noch kein Asyl bekommen.

Führung durch das Kunsthistorische Museum

Auch kulturelle Ausflüge werden den Bewohnern von Mittendrin und CortiHaus angeboten. Für einige von ihnen ist es das erste Mal, dass sie ein Museum von innen sehen. Das Kunsthistorische Museum hat uns einen seiner besten Führer zur Verfügung gestellt. Er führt uns durch die großartige Schatzkammer der großen Herrscher. Er berichtet von Entdeckern und deren Funden und Schätzen, die an den kaiserlichen Hof gebracht wurden und so die Kreativität der Handwerker und Künstler der damaligen Zeit beflügelt haben. Unsere ungewöhnliche kleine Gruppe hängt an seinen Lippen, voller Begeisterung.

Ein anderes Mal trifft sich das Redaktionsteams bei Christian Sp.

Das Thema der nächsten Ausgabe soll „Arbeit" lauten. Ein Thema, das eine Vielzahl von Fragen aufwirft. Es geht hier um Menschen am Rand der Gesellschaft, die wenig Chance auf Beschäftigung haben. Es ist ein Vorurteil, dass Obdachlose nicht arbeiten wollen. Der Begriff Arbeit meint nicht nur Beschäftigung, die der neoliberalen Wirtschaft dient, sondern beinhaltet ebenso Beiträge, die jeder gegenüber anderen zu leisten vermag, unabhängig vom monetären Mehrwert. „Arm ist nicht der, der nichts hat, sondern der, der nichts ist." Durch Porträts einiger Bewohner vom VinziRast-CortiHaus und vom VinziRast-mittendrin soll deutlich werden, wie jeder am Gemeinschaftsleben teilhat. Zum Beispiel kümmert sich Christl darum, dass die Wäsche gewaschen und gebügelt wird, Otto holt regelmäßig gespendetes Brot von der Bäckerei. Seppi putzt den Aufzug im CortiHaus.

Ich komme etwas früher zur Notschlafstelle, da ich bei der Vorbereitung des Abendessens dabei sein will. Heidi, schon seit langem ehrenamtlich tätig, hat die Aufgabe, die Kochdienste für drei Monate im Voraus zu planen. Sie kümmert sich auch um die Lebensmittelspenden. Jeden Tag geht der Zivildiener zum nahegelegen Supermarkt, wo er einen Einkaufswagen voller Produkte erhält, die kurz davor sind abzulaufen. Die VinziRast bekommt viele Lebensmittelspenden. Heidi sortiert die Ware mit Unterstützung einer kleinen Gruppe von Helfern. Die verderblichen Produkte kommen in den Kühlschrank, die anderen werden im Keller gelagert. Jeder Koch kann über seinen Speiseplan frei entscheiden, sofern er damit sechzig Personen satt bekommt. Manche improvisieren anhand der gerade verfügbaren Produkte, während andere auf eigene Kosten einkaufen gehen. Es kommt auch vor, dass Köche die Mahlzeit zu Hause vorbereiten. Ein besonderer Fall: Jeden Monat bestellt ein Ehrenamtlicher fünfzig Wiener Schnitzel und Kartoffelsalatportionen in einem Gasthaus.

Heute wollen zwei Freundinnen, Michaela und Claudia, ein Kartoffelgulasch mit Würsteln und Gemüse kochen. Simone, die ihre Hilfe anbietet, wird gebeten, Toma-

Jeden Abend bereiten ehrenamtliche Köche oder Köchinnen mit Fantasie ein köstliches Abendessen.

ten und grünen Salat zu holen. Michaela brät die Zwiebeln in einem riesigen Kochtopf an, fügt die Melanzani hinzu und lässt sie knusprig werden. Alle vier genießen wir es, bei der Zubereitung eines guten Mahls beisammen zu sein. Wir fragen uns, was wir denn als Nachspeise erfinden könnten. Claudia verrührt zwei große Becher Joghurt. Wir verzieren das Ganze mit Bananenscheiben, Himbeeren und Ribiseln.

Simone lädt mich in ihre Wohnung im ersten Stock ein, die sie mit zwei anderen Frauen teilt. Im März hatte ich versprochen, ihr Porträt zu zeichnen. Wir lassen uns

Simone, Bewohnerin der Frauen-WG im VinziRast-CortiHaus, hilft gerne mit.

im ersten Zimmer nieder, wo gerade genug Platz für eine Kochecke und einen Tisch ist. Während ich meine Stifte, Pinsel und Aquarellfarben heraushole, öffnet Simone ihren Pferdeschwanz und bürstet ihre langen Haare. Sie fragt mich, ob ich sie lieber zusammengebunden oder offen hätte. Ich sage ihr, sie solle sie offen lassen, da ihr Haar ihr Gesicht schön einrahme. Sie holt ihre Schminksachen heraus, pudert sich, trägt Lidschatten auf, ein bisschen Eye-Liner und Mascara für ihre Wimpern. Dann setzt sie sich und wartet, dass ich ihr sage, wohin sie ihr Gesicht drehen soll.

Ich bemerke ihre glatte, gewölbte Stirn, ihre ausgeprägten Augenbrauen, ihr kleines Kinn, die Grübchen, wenn sie lächelt, ihre runden, rosigen Wangen – wie kleine Äpfel. Am Anfang verkrampft sie sich etwas, um die Pose zu halten, doch nach einer Weile bringe ich sie dazu, sich zu entspannen, indem ich sie in ein Gespräch verwickle.

Simone erzählt mir ihre Geschichte, von ihrer Kindheit unter dem Joch eines cholerischen Vaters, ihrer überstürzten Ehe, die nicht gut ausgeht. Sie verlässt das erste Mal Rumänien, fährt Richtung Österreich, wo sie Arbeit und ein Zimmer findet. Doch weil sie kein Visum hat, wird sie ausgewiesen. Schwanger von einem Mann, der sie verlässt, ist sie gezwungen, zu ihren Eltern zurückzukehren. Eine schwere postnatale Depression fesselt sie mehrere Monate lang ans Spitalsbett. Außerstande, ihre Tochter aufzuziehen – sie wird von ihrer Schwester adoptiert –, kommt Simone nach Wien zurück. Gewollt gleichgültig zeigt sie mir Fotos ihrer Kleinen. Ich spüre, wie sehr sie berührt ist.

Wir gehen beide wieder hinunter zum Abendessen. Das Kartoffelgulasch findet viel Beifall. Michaela gibt mir reichlich davon und ich finde einen freien Platz an einem separaten Tisch. Ich zögere einen Moment, da der dort sitzende Mann seltsam wirkt. Seine Augen verdrehen sich in den Höhlen, er schimpft unzusammenhängend vor sich hin und schüttelt sich mit wiederholtem Zucken. Seine Gesichtszüge sind ausgehöhlt, Haare und Bart zottelig. Er scheint verstört zu sein. Ein armer Kerl, ein bisschen ver-

rückt, aber harmlos. Ich setze mich ihm gegenüber und lächle ihn an. Wie durch Zauberhand stabilisieren sich seine Pupillen und seine Gestik beruhigt sich. Er schaut mich voller Neugier an, scheint wieder bei sich zu sein und zu merken, dass er vor einem halbvollen Teller sitzt. Ich reiche ihm Brot, Salz und Pfeffer und spreche ihn an, halb auf Deutsch, halb in Zeichensprache. Er radebrecht etwas, das ich nicht verstehe. Egal, wir verständigen uns durch Mimik über den Tisch hinweg. Er lächelt. Es ist ein Glück zu sehen, wie sich sein Gesicht entspannt, und seine Augen zappeln wie zwei Silberfischchen. Wir werden von Sorina unterbrochen, der ich ein Porträt versprochen habe. Ich lasse sie warten, bis ich meinem neuen Freund mein Skizzenbuch gezeigt habe.

Dann folge ich Sorina in den Schlafsaal; sie hat schon alles für unsere Sitzung vorbereitet: einen komfortablen Fauteuil, einen zu ihrem Body passenden lila Schal, den sie sich um den Hals legt, und ein rosa Gummiband für ihren Haarknoten. Mit ihren knallroten Nägeln setzt sie sich an den Rand des Fauteuils, richtet ihren Oberkörper auf und erstarrt zur Statue. Nach Sorina zeichne ich das Porträt von Seide, dann eines von Zagor und seiner Freundin Joana. Zuschauer warten darauf, dass sie drankommen. Es ist bald 22 Uhr und ich warne sie, dass ich sie nicht alle an diesem Abend zeichnen werde können, aber dass ich das gerne das nächste Mal nachholen würde. Ich merke, dass sich mein neuer Freund aus dem Speisesaal nicht näherzukommen traut. Zwei- oder dreimal habe ich vom Skizzen-

Wenn es im kleinen Innenhof finster oder kalt ist, setzen sich die Gäste am liebsten im Eingangsbereich zusammen, wo geplaudert und geraucht wird.

buch aufgeschaut, um seinen Blick zu suchen und ihm Zeichen meines Einverständnisses zu geben. Ich verräume meine Sachen und wünsche allen eine gute Nacht. Er zögert, nimmt Anlauf, holt mich ein, ergreift meine Hände und drückt sie, während er immerzu „Danke, danke, danke, danke, danke …“ sagt. Dann dreht er sich um und verschwindet. Ich setze mich auf die Bank im Hof zwischen die Raucher, von denen ich nur die glühwürmchenartige Glut auf den Zigaretten erkenne. In der Dunkelheit kann niemand sehen, wie mir die Tränen über die Wangen strömen. Dieser Mann hat mich erschüttert. Er mag ja einen Vogel haben, doch hat er mich unsagbar berührt. Ich weiß nichts über ihn, nicht einmal seinen Vornamen. Er ist der Einzige, den ich nicht gezeichnet habe, und es ist sehr unwahrscheinlich, dass ich ihn je wiedersehe. Und doch werde ich nie die Gnade unserer kurzen Begegnung vergessen.

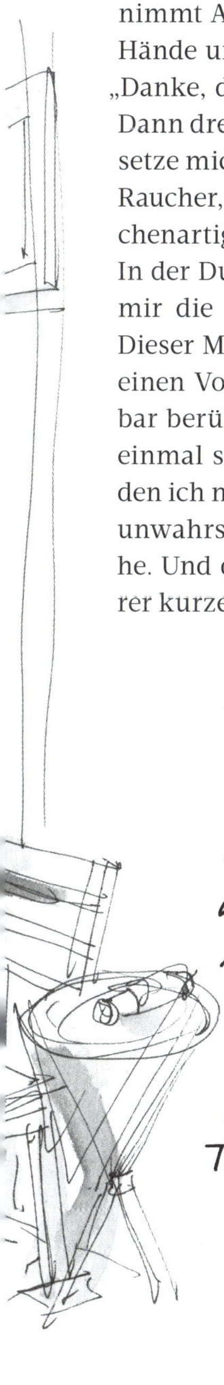

Sorina hat nicht immer so geheißen, da sie als Bub in Bukarest geboren wurde. Sie ist in einem Waisenhaus aufgewachsen, das sie erst mit 18 verlassen hat. Sie hat schon früh gewusst, dass sie eine Frau sein wollte. Alles, was sie besaß, hat sie für die Behandlung und die Operation ausgegeben. 2014 kam sie nach Österreich, wo Transgenderpersonen akzeptiert werden. Ohne Arbeit oder Unterkunft ist sie in der Notschlafstelle gelandet, wo sie inzwischen bis auf weiteres aufgenommen wurde. Sie hat es aufgegeben, Deutsch zu lernen, da sie meint, dass sie davon Migräne bekomme …

Wir stellen uns paarweise auf. Abwechselnd trägt einer die Augenbinde und spielt den Blinden, während der andere ihn am Arm führt und ihm die Strecke und die Hindernisse beschreibt. Die fünf Paare verteilen sich, die einen im Garten, die anderen im Dorf. Ich überhole Clemens und Omar in den hohen Gräsern, die am Flussufer bis zu den Knien wachsen.

Austausch der Eindrücke im großen Salon.

Einmal im Jahr wird den Bewohnern von VinziRast-mittendrin ein Ausflug aufs Land angeboten. Diesmal geht es zu Veronika, in ein altes Haus, das ihrer Familie gehört. Renate hat alle informiert und einen Bus gemietet. Ausgemacht war, dass wir uns um 8.30 Uhr vor der Haustür treffen. Doch zum vereinbarten Zeitpunkt sind nur die Begleitpersonen da. Renate ist sehr verärgert. Schlussendlich erscheinen sechs Bewohner: Abbès und Clemens, die Stützen und Treuesten des Hauses, Sigrid und Jonas, zwei Studenten, und Omar und Aziz, zwei Syrer. Zusammengerechnet sind wir also zehn noch nicht ganz wache Gestalten, die einen viel zu großen Bus besteigen. Die Reise ist sehr beschwingt. Clemens ist eine echte Stimmungskanone und erzählt einen Witz nach dem anderen. Abbès liefert ihm manchmal das Stichwort, bleibt dabei aber stets phlegmatisch. Der Rest der Truppe begnügt sich damit, ein gutes Publikum zu sein. Veronika empfängt uns an der Treppe und führt uns in eine riesige, ganz in Weiß gekachelte Küche mit einem Art-déco-Fries und einem großartigen gusseisernen Herd. Es gibt Plundergebäck, eine Thermosflasche mit Kaffee und eine mit Tee sowie Marillenfleck, einer meiner Lieblingskuchen!

Mit heiterer Miene verschlingen wir dieses festliche Frühstück. Der Tag ist frisch, aber es scheint schön zu werden. Die Wolken verziehen sich. Die Begleiterinnen haben sich gemeinsame Aktivitäten und Spiele ausgedacht. Nach einer Stunde versammelt uns Veronika im großen Salon, wo wir uns in die im Kreis aufgestellten Fauteuils fallen

lassen. Jeder beschreibt, wie er den Vormittag erlebt hat. Clemens schließt mit „Wann gibt's was zu essen?", ein guter Übergang, um sich in der Küche näher zu kommen. Die einen schälen und zerkleinern lieber, die anderen kochen und rühren. Doch nach wenigen Minuten verschwinden die Männer, um kicken zu gehen. Veronika hat an alles gedacht: Einmal Carbonara ohne Speckwürfel für die Moslems und einmal ohne Obers, Eier und Parmesan für die Veganerinnen.

Im Laufe des Essens erzählen wir uns gegenseitig aus unserer Kindheit und über unseren Werdegang, unsere Entscheidungen, unsere Projekte und Hoffnungen. Renate hat sich für den Nachmittag ein zweites Spiel ausgedacht. Sie steckt den Rahmen ab für eine spielerische Improvisation nach dem Prinzip des Cadavre exquis[1]. Die Improvisation verheddert sich, bis die Geschichte weder Hand noch Fuß hat. Es geht den Syrern ein bisschen zu schnell, aber auch mir, weil ich überhaupt nicht schlagfertig bin. Es bleibt uns nur noch eine knappe halbe Stunde, bevor uns der Bus zurückbringt. Die Mädchen faulenzen auf einer Bank in der Sonne, während die Männer Fußball spielen. Ich schieße ein Gruppenfoto. Bei der Rückfahrt werden wir alle angenehm schläfrig, bis auf Clemens, der nie aufhört zu reden.

[1] Ein von den Surrealisten erfundenes Spiel, in dem mehrere Teilnehmer gemeinsam auf einem Blatt Papier einen Satz verfassen, wobei jeder jeweils ein Wort schreibt, den Zettel faltet und weiterreicht. Der, der als Nächstes an der Reihe ist, kann also nicht sehen, was sein Vorgänger geschrieben hat. Nach demselben Prinzip kann man auch eine Geschichte erzählen oder eine Zeichnung anfertigen.

Renate hat sich für den Nachmittag ein Spiel ausgedacht: gemeinsam eine abenteuerliche Geschichte erfinden.

Veronika Kerres

Veronika ist „Multitasking-Mitarbeiterin", seit 2005 im Nacht- und Abenddienst der Notschlafstelle tätig, verantwortlich für die VinziRast-WG für Alkoholkranke, Geschäftsführerin des Lokals „mittendrin" und Mitglied des Vereinsvorstands.

Abbés mit seiner Katze Taki, die Veronika ihm geschenkt hat.

Abbés hat sich zu einer Art „Hausmeister" im VinziRast-mittendrin entwickelt. Er bewährt sich als Elektrospezialist, Technikkönner und Möbelpacker.
Das Dachatelier bereitet er für Veranstaltungen vor.
„Was würde ich machen, wenn ich nicht arbeiten würde? Das ist Leben. Zusammenhelfen und teilen."

Sigrid ist erst seit drei Monaten da. Im Studentenheim hat sie sich eingeengt gefühlt. Sie suchte einen Ort, wo man nicht aneinander vorbeilebt, sondern wo Austausch herrscht und wo man verschiedene Blickwinkel aufs Leben kennenlernt.

Ihre Zeit verbringt sie gerne in der Stockwerksküche oder auf der Dachterrasse. Für den Garten hat sie sich sofort eingesetzt und erzählt mit Begeisterung, wie mehrere Bewohner*innen gemeinsam angepflanzt und Erde ausgetauscht haben.

Renate ist Hausleiterin in Mittendrin.
„Hier geht es um die Bildung von Gemeinschaft. Das braucht Einfühlungsvermögen, Kreativität, Vertrauen und Intuition. Und Geduld. Es ist eine Art Schule für das Leben sowohl für die Bewohner, wie auch für uns."

Otto lädt mich in seine stimmungsvoll eingerichtete Wohnung. Voll Stolz zeigt er mir seine Sammlungen und Möbelstücke und erzählt mir von seiner täglichen Beschäftigung: Jeden Abend geht er mit seiner Hündin Luna zu einer Bäckerei im ersten Bezirk, um übriggebliebenes Brot für die Bewohner von VinziRast-mittendrin abzuholen.

Juli 2017

DIE VINZICHANCE IM FERIENMODUS

Im Juli geht das Programm der VinziChance weiter, aber mit eingeschränktem Betrieb. Ich treffe viele wieder. Baratali, der beschlossen hat, ganztägige Deutschkurse zu besuchen, ist nicht dabei. Da es weniger Schüler gibt, unterrichten die ehrenamtlichen Lehrer gemeinsam. Heute lehrt Peter zusammen mit einer ganz jungen Studentin, Nina, die gerne beruflich Deutsch unterrichten würde. Sie hat die VinziChance bei einer Messe für Ehrenamtliche entdeckt. Unter den Neuen ist auch Lorenzo, der Zivildiener, und ein erstaunliches Mädchen namens Parmis. Sie erzählt, dass sie den Iran aus politischen und religiösen Gründen verlassen hat, nachdem ihre Freunde und sie Druck und Drohungen ausgesetzt waren. Sie würde gerne Architektur studieren und nebenbei ein bisschen arbeiten. Sie blättert neugierig in meinem Skizzenbuch, da sie auch gerne zeichnet. Die VinziChance ermöglicht ihr, Deutsch zu sprechen und ganz unterschiedliche Leute kennenzulernen.

Statt Rechtschreib- oder Grammatikübungen schlagen Peter und Nina ein Spiel vor. Jeder sucht sich im Stillen ein Wort aus. Die anderen müssen herausfinden, worum es sich handelt, indem sie Fragen stellen: „Ist es ein Mensch? Ein Tier? Ein Gegenstand? Ist es klein? Groß? Nützlich?" Der Erste, der es errät, darf das nächste Wort aussuchen. Das Spiel gefällt allen, und um zu verhindern, dass immer dieselben „gewinnen", helfe ich jenen, die langsamer sind. Als das Spiel zu Ende ist, werden die Gespräche etwas persönlicher. Peter möchte erfahren, wie es den Asylwerbern bei ihren Behördengängen ergangen ist. Alle sagen, dass sie langwierig seien, manchmal einen ganzen Tag dauerten.

Bei jedem Termin stellten die Beamten des Asylamtes die gleichen Fragen. Die Kandidaten müssten ihre Geschichte zum x-ten Mal wiederholen und die Gründe darlegen, die sie ins Exil getrieben hätten. Peter erzählt ihnen von einem befreundeten Anwalt, der bereit wäre, ihnen zu helfen, um sie auf künftige Gespräche besser vorzubereiten.

Es ist ihm bewusst, dass die Chancen auf Asyl in der aktuellen Situation immer geringer werden. Und er ist besorgt über die einwanderungsfeindliche Politik, die in Österreich um sich greift. Mbaye erzählt auf Deutsch und sehr unterhaltsame Weise von einer Wanderung auf den Schneeberg, die österreichische Freunde am vorangegangenen Wochenende organisiert hatten. Sie seien bis zum Gipfel auf 1040 Meter Höhe gestiegen und Mbaye erklärt, wie sehr ihn seine Oberschenkel und seine Waden schmerzen. „Das nennt man Muskelkater", erwidert Nina. Das Wort bringt Mbaye zum Lachen. Er ist der Einzige in der Gruppe, der Wiener Freunde gewonnen hat. Und er ist

der Älteste von allen, schon vor zehn Jahren angekommen und Besitzer einer Aufenthaltsbewilligung. Jetzt hofft er, schnell Arbeit zu finden.

J. bricht sein Schweigen, um uns zu sagen, dass er in der Bibliothek eine kurze Geschichte geschrieben hat. Er weigert sich, sie laut vorzulesen, gibt uns aber sein Heft. Peter liest sie als Erster und reicht mir dann etwas betroffen das Heft weiter. Die Geschichte ist ganz einfach. J. beschreibt eine Szene zwischen einem Vater und seinem kleinen Sohn, die er in der Bibliothek mitbekommen hat. Er hat die Zuwendung des Vaters zu seinem Kind beobachtet und die Verbundenheit zwischen den beiden. Irgendwann steht der Vater dann auf, wahrscheinlich, um zu den Regalen der Bücher für Erwachsene zu gehen. Als er nicht gleich wiederkommt, wird das Kind unruhig und beginnt zu weinen. Natürlich dauert es nicht lang und der Vater ist wieder da, er umarmt sein verstörtes Kind, um es zu trösten. J. schildert die Angst des Kindes, die Zärtlichkeit des Vaters. Er hat wohl über seine eigenen Erfahrungen geschrieben, von Verlust und Einsamkeit, von seiner Sehnsucht nach Geborgenheit. Ich hatte schon bemerkt, wie er in sein Heft kritzelt. Ich frage ihn nach seinem Interesse an der Kunst, von dem mir schon Thijs in der Tischlerwerkstatt erzählt hatte. J. sieht sich als Anfänger, doch würde er liebend gern einen Zeichenkurs besuchen, um sich zu verbessern. Er erzählt mir von einem Maler, den er im Internet entdeckt hat und der ihm besonders gut gefällt: Henri Matisse. J. überrascht mich jedes Mal, da er von einer verschlossenen und verängstigten Haltung ansatzlos zu großer Offenheit, großem Vertrauen wechselt, ehe er sich wieder in seinen Panzer

flüchtet und jedem Blick und Kontakt ausweicht. Mir wird ganz schwer ums Herz und ich fühle mich machtlos angesichts der Traumata, die die meisten dieser jungen Leute erlebt haben.

Ich gehe hinunter zu den VinziChance-Werkräumen. Malik hat mir schon meine Tasse Cappuccino zubereitet. Er ist neugierig auf mein Programm der kommenden Tage und möchte vor allem wissen, wie ich meinc Freizeit verbringe. Mit meinen Cousins und meinen Wiener Freunden, sage ich, oder ich spaziere durch die Innenstadt und besu-

Baratali und Mbaye zählen zu den Eifrigsten in der Näherei. Am liebsten, sagt Baratali, würde er den ganzen Tag hierbleiben.

che Ausstellungen. Er fragt mich, ob ich auch in Parks gehe. Ja, natürlich, antworte ich, wo es in Wien doch besonders schöne gebe. Ich nenne ihm einige, die ich mag. Er windet sich ein bisschen und gesteht schließlich, dass er letzte Nacht geträumt habe, mit mir durch einen Park zu spazieren. Samuel neben ihm lächelt.

In der Textilwerkstatt herrscht Ferienstimmung. Mbaye stellt eine Hose mit einem afrikanischen Muster her, während Amirullah eine seiner Jeans ändert. In der Tischlerwerkstatt schnitzt J. ein Gesicht in den Griff eines Stocks und Mutalib hobelt an einem Spielzeug. Ich lerne Bernd kennen, einen Ehrenamtlichen, dessen cooler Look mich an einen freien Künstler erinnert, aber sicher nicht an einen Mann in Pension. Er ist ein ehemaliger Tischler und kommt gemeinsam mit seiner Frau Mona zur Vinzi-Chance. Sie, die zuerst Deutsch unterrichtete, hat am Anfang des Sommers beschlossen, die Textilwerkstatt zu verstärken.

Während des Mittagessens erzählt Mbaye, dass er jeden Tag auf die Donauinsel schwimmen gehe. Da wir schon beim Thema Sport sind, erfahre ich, dass Amirullah in Afghanistan Cricket spielte und das in Wien auch heute noch mit sechs anderen Spielern tut. Malik hat acht Jahre in seinem Dorf geboxt. In Wien hat er nur ein einziges Mal trainiert, bei einem Schnuppertag in einem Boxclub. Nach dem Mittagessen gehen sie beide in einen zweiten Deutschkurs. Ich eile ins CortiHaus, wo ich die Bewohner ein bisschen besser kennenlernen möchte.

Ihmed kommt Elena besuchen und seine alten Freunde aus den Werkräumen. Er war Teil der allerersten Gruppe der VinziChance. Ihmed ist seit 2011 in Österreich und hofft, endlich eine Arbeitsbewilligung zu erhalten, umso mehr, als er eine Einstellungsbestätigung einer Übersiedlungsfirma hat. Inzwischen schlägt er sich mit kleinen Arbeiten durch, die ihm das Überleben ermöglichen. Ihmed hat die acht Monate, die er bei der VinziChance verbracht hat, in guter Erinnerung und er ist sehr dankbar. „Sie haben mir die Tür geöffnet und mir vertraut. Ich habe mich anerkannt gefühlt durch die vielen Beschäftigungen, die mir angeboten wurden. Dank ihnen bin ich gestärkt wieder weggegangen, um meine Integration voranzubringen."

Bernd, ein ehemaliger professioneller Tischler, ist seit einem Jahr bei der VinziChance ehrenamtlich tätig: „Ich sehe mich selbst als Flüchtling, da ich aus der DDR geflohen bin, wo ich als Dissident im Gefängnis war. Im Westen habe ich zuerst eine künstlerische Ausbildung gemacht, die mich dann zur Tischlerei geführt hat. Jetzt, wo ich mehr freie Zeit habe, erscheint es mir normal, jungen Migranten bei Schwierigkeiten zu helfen. Ich werde aus ihnen vielleicht keine Tischler machen. Aber das ist eine Beschäftigung, die sie in eine bestimmte Richtung lenkt und ihnen guttut. Dieser Austausch ist ebenso stimulierend wie fröhlich."

Christine traf ich bei der
Hausrunde. Sie ist Hausleiterin
des VinziRast-CortiHaus.
„Als ich das erste Mal in das
Haus kam, war ich von der
Stimmung ergriffen und bin
es immer noch. Es strahlt
Geborgenheit und Lebendigkeit
aus. Das hat mit den
Bewohnern zu tun,
die mich morgens
strahlend begrüßen."

Alle Bewohner des CortiHaus, und auch ihre Begleiter*innen, treffen sich zur monatlichen Runde, mit Ausnahme jener, die einen Job haben.

BEGEGNUNGEN MIT ATYPISCHEN BEWOHNERN

Einmal im Monat versammelt Christine, die Verantwortliche für das CortiHaus, alle Bewohner und die begleitenden ehrenamtlichen Mitarbeiter*innen. Die Tische werden vor Christine und Cecily in U-Form angeordnet. Wir rücken zusammen und der Kreis vergrößert sich bis in den Gang zur Küche. Vor meinen Augen erscheint eine erstaunliche Bandbreite an Gesichtern und Gestalten, die zu entziffern ich nicht müde werde. Mein Stift eilt über das Papier und erfasst im Flug einen Blick da und einen speziellen Gesichtsausdruck dort.

Zunächst einmal feiern wir die Geburtstage des Monats mit einer Torte und Kerzen. Heute ist es der eines jungen Flüchtlings, der vor kurzem eingezogen ist. Er wird beklatscht. Dann geht es der Reihe nach um den Tisch. Alles in allem sind die meisten zufrieden mit dem Zusammenleben. Bei ernsthaften Problemen oder Konflikten mit einem Mitbewohner wird ein Termin mit Christine für ein Einzelgespräch vereinbart. An den da und dort ausgesandten Signalen erkennt man, ob die Atmosphäre im Allgemeinen eher friedlich oder geladen ist. Es ist schon vorgekommen, dass sich das CortiHaus von einem Bewohner trennen musste, weil dessen Verhalten die Gemeinschaft aus dem Gleichgewicht brachte. Heute ist die Stimmung gelöst und heiter. Seppi erzählt, dass er verliebt sei. „Der verschenkt sein Herz wirklich leicht“, flüstert mir ein Nachbar zu.

Seit 2015 hat Markus eine eigene Wohnung in Hietzing. Manchmal besucht er seine Freunde aus der VinziRast-WG, wo er mehrere Jahre gewohnt hat.
Seine große Freude: Seit 2010 ist er Mitglied der Theatertruppe „Hinter der Bühne", die von Christian Wetschka geleitet wird.

DER ZAUBER VON GEMEINSCHAFT

Nach der Hausrunde habe ich vor, Martin zu besuchen, den ich zwei Jahre zuvor porträtiert hatte. Er lebt mit einer kleinen Gruppe von Männern, die alle gegen ihre Alkoholabhängigkeit kämpfen. Ein paar Jahre zuvor hatte mir Cecily Christian Wetschka vorgestellt, den Initiator eines Selbsthilfesystems für Alkoholkranke, basierend auf ein Leben in Gemeinschaft. Ich hatte eine Wohngemeinschaft seines Projekts besucht. Cecily wollte dieses Experiment für die VinziRast übernehmen. Die Solidarität der alkoholkranken Männer und Frauen, die sich nun füreinander verantwortlich fühlten, hatte sie überzeugt. 2009 wurde eine solche Wohngemeinschaft im Erdgeschoß eines benachbarten Hauses vom Verein Vinzenzgemeinschaft St. Stephan ins Leben gerufen.

Ich klopfe dort an die Tür. „Komm herein, es ist offen." Martin spielt gerade Karten mit zwei seiner Kameraden. Sie stehen alle drei auf, um mich zu begrüßen und mir etwas zu trinken anzubieten. Martin zwinkert mir zu. „Schau auf die Wand", sagt er ganz stolz. Er hat meine Porträts rahmen lassen. Er stellt mich Patrick und Fredi vor, der gerade eingezogen ist. Kaum zwanzig Jahre alt, ist er zur Gruppe gestoßen, um von den Drogen wegzukommen. Er scheint sehr zufrieden zu sein über seine ersten zwei Wochen des Zusammenlebens. „Ich fühle mich gut angenommen, auch wenn meine Geschichte eine ganz andere ist als die ihre. Allein bin ich, selbst mit meinen regelmäßigen Entwöhnungskuren, nicht zurande gekommen, wohingegen wir hier zu einer Art Familie werden und uns unterstützen, wenn einer schwach wird."

Nach dem Ende des UNO-Spiels verschwindet Patrick kurz und kommt mit einer Flasche, einer Münze und verschiedenfarbigen Gummiringen zurück. Als Jugendlicher hat er zaubern gelernt und ist wieder auf den Geschmack gekommen, seitdem sein Leben in geordneteren Bahnen verläuft. Er legt die Münze unter den Flaschenboden, schlägt kurz drauf und plötzlich findet sich die Münze wie durch ein Wunder im Inneren der Flasche wieder! Dann spielt er mit den Gummiringen, die er so schnell verknotet und entknotet, dass ich nur so staune. Im April ist er öffentlich mit Christian W. aufgetreten, der eine Theatergruppe mit Obdachlosen gegründet hat. Jetzt übt er für seinen nächsten Auftritt.

Bevor ich gehe, möchte mir Martin noch die Veränderungen zeigen, die er in der Wohnung vorgenommen hat. Zwei Jahre vorher hatte er mir seine Gedichte vorgelesen. Heute erfahre ich, dass er auch Dekorateur ist. Er hat Motive und Trompe-l'œils am Gang, im oberen Bad und in seinem Zimmer gemalt. Martin liebt es zu reisen und erzählt mir voller Begeisterung von seiner Wallfahrt nach Rom mit Christian W. und dessen Schützlingen von der Caritas und der VinziRast.

Martin wohnt seit dem ersten Tag in der Wohngemeinschaft der VinziRast. Obwohl sein Leben ihn an Leid und Tragödien nichts erspart hat, ist seine Fürsorglichkeit gegenüber seinen alkoholkranken Freunden berührend.

Patrick, der Zauberer.

„KOMM ZU MIR, ICH WOHNE IM CORTIHAUS“

Ich war noch nie weiter als bis in den ersten Stock des CortiHaus vorgedrungen, dort, wo Christines Büro ist. Genau gegenüber befindet sich die Wohnung, die sich Simone mit zwei anderen Frauen teilt. Heute treffe ich mich mit Christian F. Er wohnt allein in einer Einzimmerwohnung im vierten Stock. Bevor wir mit der Porträtsitzung beginnen, möchte er mir die Aussicht vom obersten Stock zeigen. Ich entdecke einen Balkon, auf dem die Bewohner Kirschtomaten, Paprika, Peperoni und Kräuter anbauen, und dahinter das wunderbare Panorama der Dächer Wiens.

In zwei Tagen habe ich fünf CortiHaus-Bewohner kennengelernt. Die Ruhe beim Zeichnen und die Vertrautheit, die dadurch entsteht, erlauben mir zu hören, was jeder gerade erzählen will. Die Geschichten ihrer trostlosen Kindheit überlagern sich. Trotz des Mangels an Liebe, der Missbrauchserfahrungen und der Kleinkriminalität haben es die meisten geschafft, einen Beruf zu erlernen, Arbeit zu finden, eine Familie zu gründen. Bis die Bruchstellen wieder hervorgetreten sind. Scheidung, Arbeitslosigkeit, Alkoholismus, Drogen, Gewalt, all die Zutaten, die sie wieder in die Spirale der Selbstzerstörung führten. Im letzten Moment gerettet, können sie es kaum fassen, die Straße überlebt zu haben. Alle sagen mir, dass sie ohne die VinziRast nicht mehr auf dieser Welt wären.

Tilo ist ein Künstler mit vielfältigen Talenten: Er bastelt fantasievolle Objekte und Skulpturen aus allem, was ihm unterkommt: Karton, Draht, Schrott, aber auch Brot und Blumen. Derzeit bastelt er Schmuck aus buntem Glas.

Dione, der aus dem Senegal stammt, teilt die Wohnung unter dem Dach mit Thomas. Er ist 2007 in Italien angekommen, wo er als Straßenhändler begann, bevor er Verkäufer in einem Geschäft für Elektronik wurde.

Drei Jahre später, wieder ohne Arbeit, versuchte er sein Glück in Wien. Nachdem er ein paar Monate bei Ute Bock[1] zugebracht hatte, erzählte ihm ein Freund von der VinziRast. Nach vier Monaten in der Notschlafstelle wurde ihm ein Platz in einer der Wohnungen angeboten. Wenig später hat er eine Nachtarbeit gefunden. Er steht um ein Uhr nachts auf, um sechs Zeitungen und Zeitschriften in der ihm zugewiesenen Zone zuzustellen, und kommt um acht Uhr wieder zurück. Durch die Nachtarbeit bekommt er seine Mitbewohner selten zu sehen.

Er mag das ruhige Leben in Wien und schätzt die monatlichen Hausrunden, die ihm dabei helfen, die materiellen und auch persönlichen Probleme zu lösen, mit denen er manchmal konfrontiert ist. Allein die Sprache bleibt sein großes Handicap. Solange er nicht gut Deutsch spricht, wird er sich von anderen abhängig fühlen. Sein sehnlichster Wunsch ist es, bei seiner Frau und seiner neunjähringen Tochter im Senegal bleiben zu können. Er ist aber gezwungen, weiter in Europa zu arbeiten, da er die gesamte Familie erhalten muss.

[1] Ute Bock ist bekannt für ihren unermüdlichen Einsatz für Flüchtlinge und Asylwerber in Österreich. 2002 gründete sie den Verein Flüchtlingsprojekt Ute Bock. Am 19. Jänner 2018 ist sie 75-jährig nach kurzer schwerer Krankheit im Ute-Bock-Haus im Kreise ihrer Schützlinge verstorben.

Christian empfängt mich in seinem perfekt aufgeräumten Wohnzimmer. Nach Jahren des Kampfes und der Rückfälle ist es ihm endlich gelungen, ein „normales" Leben zu führen.
Norbert ist einer der Künstler im CortiHaus. Seine Porträts von Cecily, Veronika und anderen Ehrenamtlichen schmücken das Stiegenhaus und das Büro. Er ist einer der Allerersten, die 2008 eingezogen sind. Er vergleicht die VinziRast mit einem Rettungsring und das CortiHaus mit einem Anker für sein orientierungsloses Leben.
Norbert hätte gern, dass ich ihn mit Puppi zeichne, dem kleinen Hund, der ihm Gesellschaft leistet, seitdem er vor fünf Jahren dem Alkohol abgeschworen hat.

Michi hat jetzt ein eigenes Zimmer im VinziRast-CortiHaus. Er wurde erst 2015 obdachlos. Jahrelang war er Techniker bei einer Firma, die ihn in ihre Filialen in aller Welt geschickt hat. Er spricht gerne über die Länder, die er besucht hat. Brasilien, Australien, Ägypten und der Iran haben ihn am meisten beeindruckt.

Johann ist 2011 ins VinziRast-CortiHaus gekommen. Seit 2015, nach einer Operation, darf er allein leben und freut sich darüber. Was nicht heißt, dass er ohne Gesellschaft ist. Sein Freund und Nachbar Michi ist oft bei ihm. Nachdem er im Zuge seiner Scheidung alles verloren hat, hat Johann langsam wieder Vertrauen zu anderen gefasst und erlebt den Trost, der durch Freundschaft entsteht. Die CortiHaus-Familie hat es ihm ermöglicht, aus seiner Einsamkeit herauszufinden.

Thomas verbringt im Sommer viel Zeit auf dem Balkon. Er liest große Wälzer, am liebsten Krimis. Als alter, einsamer Wolf verzichtet er gern auf Gesellschaft. Er hatte zwei Leben, eines in der Handelsmarine, ein anderes im Filmmilieu. Er erzählt mir, dass er mit Axel Corti an den Dreharbeiten zum „Radetzkymarsch" mitgearbeitet und dort Christine, die Leiterin des VinziRast-CortiHaus, kennengelernt hat, die damals Cutterin war. Dann, nach seiner Scheidung und einer Tuberkuloseerkrankung, ging es steil bergab – bis er von der VinziRast aufgefangen wurde. „Dieses Haus hat vielen von uns das Leben gerettet. Ohne die regelmäßigen Besuche meiner Patin und meiner Nachbarn aus dem CortiHaus während meiner Spitalsaufenthalte hätte ich mir wahrscheinlich das Leben genommen."

Das CortiHaus hat einige Rituale und Aktivitäten eingeführt, die den Austausch und den Zusammenhalt unter den Bewohnern fördern. Einmal im Monat findet eine Schreibwerkstatt und eine für Malerei statt. Wochentags um 14 Uhr gibt es im Speisesaal Kaffee. Heute komme ich eine Stunde zu früh und überrasche Taras und Wakil dabei, wie sie ein neues Rezept für ihr Mittagessen ausprobieren. Taras leistet seit einigen Monaten seinen Zivildienst im CortiHaus, in dem Wakil, ein afghanischer Flüchtling, Bewohner ist. Statt ein Sandwich zu essen, improvisiert Taras lieber ein schnelles Gericht, ein „Chili sin Carne“. Wakil unterstützt ihn dabei. Fasziniert von der Geschicklichkeit, mit der er das Gemüse schneidet, frage ich ihn, ob er schon in einem Restaurant gearbeitet hat. „Das ist noch gar nichts“, erwidert Taras und Wakil holt sein Smartphone hervor, um ungefähr hundert Fotos von Wassermelonen und anderen Obst- und Gemüsearrangements über das Display laufen zu lassen.

Wakil kocht gerne.

Von meiner Bewunderung ermutigt, holt er eine Hülle, die er vor meinen Augen entfaltet und in der an die zehn spezielle Messer und Meißel sorgsam angeordnet sind. Wakil hat die Mehrzahl seiner vergänglichen Werke während seines langen Aufenthalts in Griechenland angefertigt, wo er Hochzeits- und Geburtstagsbuffets für Caterer geschmückt hat. Ich erfahre, dass er die Irrfahrt der Einwanderung nicht einmal, sondern bereits zweimal unternommen hat. Er lebte schon seit mehreren Monaten im CortiHaus, als sein Asylantrag abgelehnt wurde. Nach Afghanistan zurückgeschickt, schwor er, um jeden Preis zurückkehren zu wollen, und es ist ihm gelungen.

Hunde sind in der VinziRast-Notschlafstelle willkommen. Es kann der Schäferhund eines Gastes sein oder der Dackelmischling von Apasa, einer Nachtdienst-Mitarbeiterin.

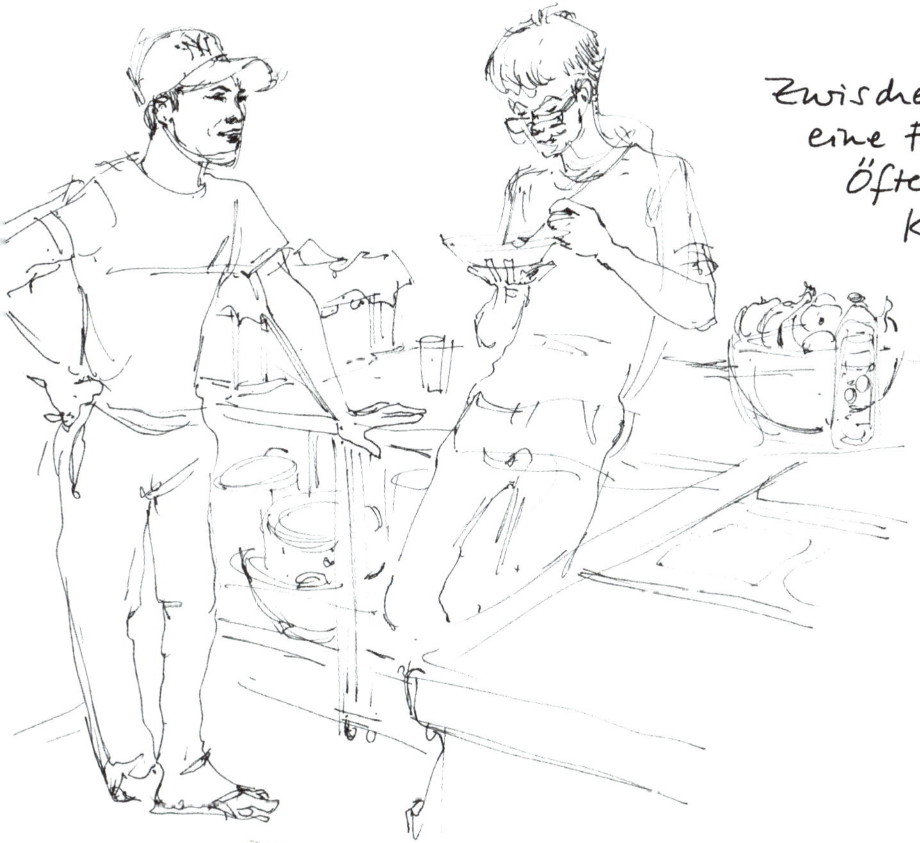

Zwischen Wakil und Taras hat sich eine Freundschaft entwickelt. Öfters treffen sie sich in der Küche zur Vorbereitung eines schnellen Mittagsimbisses.

Jeden Tag um 14 Uhr macht Taras Kaffee für Bewohner des VinziRast - CortiHaus. Ein nettes Ritual.

DIE SCHREIBWERKSTATT DER RENATE WELSH-RABADY

Renate Welsh-Rabady ist eine bekannte Schriftstellerin und hat schon viele bedeutende Preise erhalten. Die Erfolgsautorin ist bekannt für ihre Kinder- und Jugendliteratur, hat aber auch Romane und Essays geschrieben. Schon bald nach der Eröffnung der Notschlafstelle haben sich Renate und Cecily gefunden. Aus dieser Begegnung ist die Schreibwerkstatt entstanden, die seit zehn Jahren regelmäßig stattfindet. Ein Fixtermin. Für Cecily ist diese Schreibwerkstatt eines der besonderen Geschenke in der Entwicklung der VinziRast-Projekte.

Es ist 14 Uhr. Rund ein Dutzend Leute sind um den Tisch im Speiseraum versammelt. Renate gibt jedem zwei Post-its. Auf das erste soll man ein Wort schreiben, das man sehr mag, und auf das zweite eines, das man gar nicht mag. Dann sammelt sie alle Post-its ein und liest sie laut vor. „Respekt und Respektlosigkeit" sind die Worte, die am öftesten vorkommen. Also wählt sie als Aufgabe: „Beschreibt eine Person, die ihr gar nicht respektiert und bei der ihr im Lauf der Zeit gemerkt habt, dass sie nicht unbedingt so

Wenn ihr einander zuhört,
wenn einer lächelt, während ein anderer vorliest,
und damit zeigt: ich habe verstanden,
dann wird es hell.
Wenn einer nickt,
wenn eine nach Worten sucht,
und ihr die Zunge löst,
dann ist ein Damm gebrochen.
Wenn wir ertragen, wie schwer etwas wiegt,
wenn wir miteinander lachen können,
wenn wir erleben, wie viel wir gemeinsam haben,
dann möchte ich singen.

Renate

Kein Licht, keine Kraft, kein Leben zu spüren, von Gestalten der Dunkelheit umringt und ins Stockdunkle verleitet. Der Weg, oder darüber nachzudenken, ist nicht leicht, aber noch schwerer, wenn man allein ist und nicht mehr aus dem Dunklen findet.

Christian F.

ist, wie ihr zuerst gedacht habt, und bei der sich eure Einschätzung gewandelt hat."

Nach kurzer Ratlosigkeit schreibt jeder, was ihm einfällt, und liest dann seinen Text vor oder lässt ihn von seinem Nachbarn vorlesen.

Renate schlägt ein zweites Thema vor: „Was macht mich glücklich, bringt mir Freude?" Das Vorlesen der Texte löst Reaktionen und Überlegungen aus, die die Debatte in Gang halten.

2013 hat Renate eine Sammlung der schönsten Texte und Erlebnisberichte aus der Schreibwerkstatt in der VinziRast veröffentlicht („Mit einem Fuß auf zwei Beinen stehen", Wiener Dom-Verlag): „Dieses Buch erfüllt mich mit mehr Stolz als alle Preise, die ich erhalten habe. Schreiben ist ein sehr einsames Geschäft. Ich erlebe Phasen des Zweifels, frage mich jeden Morgen, ob das, was ich mache, nicht völlig umsonst ist. Die Schreibwerkstätten wiederum sind etwas Reales, Greifbares, sind so etwas wie ein Anker für mich, ich glaube daran, dass sie einen Beitrag gegen die Sprachlosigkeit leisten, die ich für ein Grundübel unserer Zeit halte. Noch wichtiger als das Schreiben ist in diesem Prozess das Zuhören in der Gruppe. Lebendiges Zuhören führt tatsächlich zu einer greifbaren Veränderung, macht Aufmerksamkeit und Empathie möglich. Simone zum Beispiel hat mehrere Monate an der Werkstatt teilgenommen ohne irgendetwas zu schreiben, auch ohne ein Wort zu sagen außer: ‚Ich kann nicht Deutsch'. Ihre Passivität hat mich geärgert. Ich hätte sie mehrmals fast weggeschickt, weil mir ihre Anwesenheit so überflüssig erschien. Und eines Tages schrieb sie zwei Wörter, im Monat darauf einen Satz und so weiter, mit immer größerem Selbstvertrauen. Die ganze Gruppe freute sich mit mir. Natürlich war es auch sehr befriedigend, für meine Geduld so belohnt zu werden. Ich habe das Glück, eine großartige Gruppe zu haben. Sie ist nicht zahlreich, aber wunderbar eifrig und motiviert. Manche, wie Johann, haben in zehn Jahren keine einzige Werkstatt versäumt."

Anfang bedeutet für mich Überleben in der VinziRast.
Jeder Anfang ist gut, wenn die Renate wiederkommt.
Das ist ein guter Anfang.

Seppi

MARGRIETS HÖHLE DES ALIBABA

Als ich die Schreibwerkstatt verlasse, treffe ich auf Margriet, die Kartons voller Kleidung und Schuhe transportiert. Ich folge ihr in den Schlafsaal. Sie holt eine Leiter heraus, die sie an die Öffnung einer Klapptür lehnt, die an der Decke angebracht ist. Groß ist meine Überraschung, als ich einen geräumigen Dachboden entdecke, der als Kleiderkammer und Lagerraum für Bettwäsche und Putzmaterial eingerichtet wurde. Margriet verbringt dort mehrere Nachmittage pro Woche, um mit Hingabe die neuen gespendeten Anlieferungen zu sortieren. Im Laufe der Zeit wurde sie zur offiziellen Hüterin dieser Wiederverwertungsgrotte. Eine Hälfte des Dachbodens ist für Kleidung vorgesehen. Eine ganze Wand ist voll mit Schuhen, Stiefeln und Sportschuhen und auch Taschen und Koffern in allen Größen und Formen. Die Kleider sind in Kästen geschlichtet, die Accessoires, Gürtel, Hosenträger, Hauben, Handschuhe und Unterwäsche in Schubladen. Alles ist sorgfältig beschriftet. Am anderen Ende stapeln sich Bettwäsche, Decken, Pölster und Handtücher sowie Bestände an Toilettartikeln, Wegwerfhausschuhen. In einer Ecke stehen Regenschirme und Krücken. Auf einem Regal gibt es sogar Teddybären und Weihnachtskugeln!

Es gibt viele Sachspenden, für die Lagerung ist eine genaue Logistik nötig. Der vorhandene Lagerraum ist sehr begrenzt.

Margriet habe ich beim Nachtdienst in der Notschlafstelle getroffen. Sie ist ehrenamtliche Mitarbeiterin und ein freier Geist. „Ich habe den Schauspieler Peter Wolf vor einer Kirche in Wien einen Obdachlosen spielen gesehen. Neben ihm lagen Broschüren der VinziRast. Ich ging hin und fragte, ob sie Ehrenamtliche suchen. Sie haben jemanden für den Dachboden gebraucht. Dann habe ich auch bald Nachtdienste geleistet. Am Anfang war es für mich schwierig zu akzeptieren, dass man nur ein Bett, Essen und Kleidung anbietet. Ich musste mir eingestehen, dass ich keinen aus seinem Schicksal retten kann. Genauso ist es mit der Erwartung nach Veränderungen. Diese Einschränkung meines Willens war eine harte Prüfung meiner eigenen Grenzen."

Als ich Taras, den Zivildiener im CortiHaus, gefragt habe, wo er am liebsten für sein Porträt sitzen würde, hat er sich den Dachboden ausgesucht.

„Ich hatte keine Ahnung, was Obdachlosigkeit bedeutet, außer, dass man durch den Dominoeffekt Scheidung, Arbeitslosigkeit, Alkohol usw. sehr schnell in eine solche Situation kommen kann. Ich war erst achtzehn Jahre alt und hatte Angst, ich würde mich in diese einzigartige Gesellschaft nicht so leicht eingliedern können. Es war sehr verwunderlich, wie mich eigentlich alle sofort mit offenen Armen empfangen haben."

VinziRast-Notschlafstelle – Zwischenfälle

Am Vormittag erhält Cecily einen Anruf von Elisabeth P., der neuen Verantwortlichen für die Notschlafstelle. Mit einem Gast, einem jungen Marokkaner, war es zu einem Zwischenfall gekommen. Er hatte zu brüllen begonnen, hatte alle aus unerfindlichen Gründen beschimpft, dann von außen die Fensterscheiben demoliert. Elisabeth verständigte umgehend die Polizei. Inzwischen war der Mann verschwunden. Später, nachdem Elisabeth die VinziRast verlassen hatte, kam er zurück und zerstörte das Schloss der Eingangstür. Die Reparatur kostete 600 Euro.

Seitdem ich die Notschlafstelle kenne, war ich nur zweimal Zeugin von Wutausbrüchen. Die VinziRast hat den Ruf, dass es dort selten zu Aggression und gewalttätigen Konflikten kommt. Alle Teammitglieder bemühen sich, bei entstehenden Spannungen deeskalierend zu wirken. Kürzlich kam es allerdings im Speisesaal zu einem Streit zwischen zwei Gästen. Einer der beiden stürmte in den Empfangsraum, ergriff dort eine Blumenvase, die er gegen die gläserne Trennwand schleuderte. Das dreifache Schutzglas zerbrach, niemand wurde verletzt, der Tobsüchtige verschwand in der dunklen Straße und tauchte nie wieder auf.

Ein anderes Mal kam ein Gast aus dem Schlafsaal und pinkelte auf den Boden des Empfangsraums …

Margriet:
„Die Aggressivität unserer Gäste ist manchmal unvermeidbar. Dabei habe ich gelernt, meine Ängste zu zähmen, meine Autorität zu prüfen. Es hat mich mit mir selbst konfrontiert. Ich versuche jedes Mal, das Bescheidenste, gleichzeitig aber das Wesentlichste zu erfüllen: jeden unserer Gäste wichtig zu nehmen, ihn nicht mit Mitleid, sondern mit Mitgefühl wahrzunehmen".

DEFIBRILATOR
GEGEN
LICHT

Susanne, von ihren Mitspielern liebevoll „Mamilein" genannt, hat gerade ihren 89. Geburtstag gefeiert. Sie ist eine der treuesten ehrenamtlichen Mitarbeiterinnen der VinziRast. Sie kommt jeden zweiten Abend von 20 bis 21 Uhr zum Kartenspielen. Viele Jahre machte sie Nachtdienste, kochte und betreute die Kleiderausgabe. Ab dem Alter von achtzig, als es für sie zu riskant geworden war, die Stufen auf den Dachboden hinaufzusteigen, musste sie diese Tätigkeit aufgeben und wurde von Erika und Margriet abgelöst.

Ioan, Joni genannt, war einer der ersten Bewohner im VinziRast-CortiHaus. Obwohl er ein halbes Bein durch einen Autounfall verlor und mit einer Prothese geht, ist er immer aktiv, fröhlich und hilfsbereit. Alle in der VinziRast schätzen ihn.

Ioan

Michi

Michi, Seppi und Joni sind eng befreundet. Sie gehören zur Kartenspielgruppe von Susanne. Michi hat immer wieder versucht, vom Alkohol wegzukommen. Beim Ratespiel „Wer errät als Erster die Hauptstadt aller möglichen Länder?“ war ich verblüfft, wie viele Hauptstädte er kennt. Er ist anscheinend viel gereist und hat ein bewegtes Leben hinter sich!

VINZIRAST-HOME

VinziRast-Home hat am 1. Juni 2016 seine Tore geöffnet, zwei Schritte vom CortiHaus entfernt. Alex Hagner, Architekt und Freund der VinziRast, hat Studierende der TU Wien gebeten, die Gestaltung der Wohnung unter seiner Anleitung zu planen. Acht junge Syrer, die Asyl erhalten hatten, sollten hier Aufnahme finden. Die jungen Männer waren in ihrer Heimat größtenteils in einem Beruf tätig gewesen oder von der Armee zwangsrekrutiert worden. Der Krieg hat sie gezwungen, ihr Land zu verlassen. Alle wollen Deutsch lernen und Arbeit finden. Sie werden von Mitarbeiter*innen der VinziRast, von Robert, Christian Sp. und Eva Maria, bei diesen Bemühungen so gut wie möglich unterstützt.

Robert

Eva Maria

Von Eva Maria wusste ich, dass sie Journalistin ist und jetzt als Sozialarbeiterin im CortiHaus arbeitet. Ich bat sie, mich ins VinziRast-Home mitzunehmen. Ich hatte es bis jetzt noch nicht gesehen und war neugierig was mich dort erwartet.

„Ich betreue auch acht Flüchtlinge aus Syrien im VinziRast-Home. Es sind junge Männer, die durch den Krieg aus ihrem Leben und ihren Ausbildungen gerissen wurden."

Mamoun:
„Ich habe Syrien verlassen,
weil ich mich nicht für eine
Ideologie opfern wollte,
an die ich nicht glaube.
Ich wollte leben.
Die Mutigen sind die,
die geblieben sind,
um zu kämpfen."

Gabar hat
eine Gruppe
gefunden,
mit der er
joggen
geht.

Ich bin für Porträtsitzungen angemeldet. Gabar empfängt mich mit seinem Freund Mamoun mit Tee und einem Stück Schokoladentorte. Wir unterhalten uns, während wir auf die Rückkehr der anderen Mitbewohner warten. Mamoun lebt in Floridsdorf. Er wurde von einer syrischen Familie „adoptiert", die vor fünf Jahren nach Österreich gekommen war. Das Ehepaar hat vier Kinder im Alter von sechs bis 16 Jahren. Sie hat ihn wie einen zusätzlichen Sohn aufgenommen. Wie so viele bedauert auch Mamoun, dass die Flüchtlinge hier wie in einem Ghetto leben und dass es so schwierig ist, mit Österreichern in Kontakt zu kommen. Gabar ist weniger pessimistisch. Er hat sich mit einem Wiener angefreundet, den er regelmäßig sieht. Er hat auf der Mariahilfer Straße einen Treffpunkt für Jogger entdeckt, mit denen er seither meist zweimal die Woche laufen geht.

In der Zwischenzeit haben sich Hood, Mustafa, Naser und Naeem zu uns gesellt und beteiligen sich am Gespräch. Sie bewundern die Porträts von Mamoun und Gabar. Mustafa vertraut mir an, dass er in Syrien selbst gezeichnet hat. Ich borge ihm Stift und Papier und schlage ihm vor, dass wir beide Hood zeichnen. Er hat sichtlich Spaß daran. Während ich zeichne, sprechen wir über ihre Vorlieben und Aktivitäten. Hood mag Lyrik und schreibt auch selbst Gedichte. Er hatte sich an der Universität Damaskus auf arabische Literatur spezialisiert. Wenn er seine Deutschprüfungen bestanden hat, möchte er an der Universität Wien Literatur und Psychologie inskribieren. Naser möch-

te so schnell wie möglich eine Ausbildung zum Elektriker machen. Naeem wiederum arbeitet drei Tage die Woche als Rezeptionist in einem Hotel, das von einem Syrer geführt wird. Er ist glücklich, da er gerade eine wichtige Deutschprüfung bestanden hat. Ismael will heute das Abendessen kochen und hat daher keine Zeit, sich porträtieren zu lassen. Er ist Archäologe. Gerade hat er das Angebot der Stadtarchäologie Wien erhalten, zwei Wochen an Ausgrabungen teilzunehmen. Leider kann ich ihre Einladung zum Essen nicht annehmen. Mustafa, der sehr gern kocht, verspricht mir, bei meinem nächsten Aufenthalt in Wien Gerichte aus Aleppo zuzubereiten.

Am Tag vor meiner Abreise ist die Hitze schier unerträglich. Viele Wiener sind im Urlaub. Ich habe meinen Koffer gepackt. Mein Nachmittag ist frei. Ich könnte in einen Park gehen. ... Park ... Malik ... Ich höre das Echo seiner Stimme: „Ich habe geträumt, dass ich mit dir in einem Park spazieren gehe." Ich schicke ihm eine WhatsApp-Nachricht, biete ihm an, mich am Schottentor zu treffen. Am Anfang sind wir beide ein bisschen verlegen. Um es ihm leichter zu machen, schlage ich ihm eine Stadtführung vor. Ich zeige ihm die Fassaden der Palais, der Kirchen, beschreibe die verschiedenen Baustile.

Wir gehen durch die Ferstelpassage, wo ich ihm von der Tradition der Kaffeehäuser erzähle, zeige ihm die Pestsäule, schildere die Kriege, die Österreich-Ungarn groß gemacht und dann zum Untergang geführt haben. Wir gehen die Stallungen der Lipizzaner entlang und umgehen die Albertina, um im Burggarten Halt zu machen. Viele Kinder spielen auf dem Rasen, Studenten liegen in der Sonne. Wir suchen eine freie Stelle und lassen uns im Schatten eines majestätischen Baumes nieder. Malik ist überglücklich. Er beobachtet die Leute und kann seine Neugier und sein Vergnügen nicht verhehlen. Er würde so gerne junge Menschen seines Alters kennenlernen und nicht nur Afghanen oder Flüchtlinge, weiß aber nicht, wie er es anstellen soll. Die VinziChance ist der einzige Ort, an dem er Österreicher trifft, doch die sind alle viel älter als er. Er teilt sich eine Wohnung mit anderen Afghanen in der Nähe des Westbahnhofs.

Abgesehen von der VinziChance und den Deutschkursen verbringt Malik seine Zeit mit Computerspielen. Sonst schläft oder betet er. Am Freitag geht er in die Moschee. Während wir reden, gehen wir die Kärntner Straße entlang und bleiben vor zwei Straßenmusikern stehen, die Mozarts „Kleine Nachtmusik" spielen. Malik ist von der Melodie begeistert und ich erkläre ihm, wer sie komponiert hat. In seinem Dorf hatten die Taliban die Musik verboten. Ich erfahre, dass der Sohn einer der ehrenamtlichen Lehrerinnen der VinziChance manchmal Deutschstunden bei sich zu Hause gibt. Malik geht dorthin so oft wie möglich. Er bedauert, dass diese Stunden unregelmäßig stattfinden; im Einzelunterricht kommt er viel schneller voran. Er sieht es als Privileg, dass er in eine Privatwohnung eingeladen wurde und dort auch die Frau und die Kinder des Musikers kennenlernen durfte. Wir sind am Schwedenplatz angekommen, wo ich ihm vorschlage, ein Eis zu essen. Er fragt mich, ob die auch halal sind. Ich fühle mich ein bisschen dumm, weil ich an dieses Detail nicht gedacht habe.

Am Ende einer Bank finden wir Platz, um unser Eis zu genießen. Eine Gruppe von Mädchen, von denen zwei als Clowns verkleidet sind, spricht lachend Passanten an. Malik ist wie gebannt von diesen Jugendlichen, die einfach nur Spaß haben. Er gesteht mir, dass er später eine Österreicherin heiraten möchte. Aber nur, wenn sie zum Islam konvertiert. Es ist ein heikles Thema, da ich spüre, dass er hin- und hergerissen ist zwischen seiner Neugier auf die Art, wie wir leben, seiner Lust auf Neues und der lähmenden Angst, die Gebote seiner Religion zu missachten.

Als wir uns verabschieden, fragt er mich schüchtern, ob er ein Selfie machen dürfe. Seine kindliche Freude rührt mich. Er wünscht mir eine gute Reise und ich ihm alles Gute für seine Zukunft in Wien.

Diese unbeschwerten und kostbaren Momente haben mich an einen Spaziergang mit Gilles erinnert, im Parc des Buttes-Chaumont in Paris. Zwanzig Jahre liegen dazwischen.

Gilles und Pedro Meca leben nicht mehr, aber sie begleiten mich bei jeder meiner Begegnungen mit den Menschen, die zu den VinziRast-Einrichtungen finden. Die einen, weil sie auf ihrem Lebensweg gestolpert und hingefallen sind, die anderen, weil sie sich für eine Gesellschaft mit mehr Menschlichkeit und Würde engagieren wollen. Für die Dauer einer Zeichnung haben mir Obdachlose wie Mitarbeiter ihr Gesicht und ihre Geschichte anvertraut. Sie haben mir Vertrauen geschenkt, um ihre Freundin zu sein, auf allen Seiten dieses Buches, dessen Seele sie sind.

VOTIV
UM
ECK
HOTEL
ETHIO
RESTA

DANK

Ich danke Cecily für ihre Präsenz und Zuneigung, die bei jedem Schritt der Verwirklichung dieses Buchprojekts spürbar war.

Ich danke allen Mitarbeiter*innen und Bewohner*innen der VinziRast-Einrichtungen für das Vertrauen, das sie mir entgegen gebracht haben.

Ich danke Damien für seinen Blick, seine Hilfe und seine alltägliche und permanente Unterstützung, während der Entstehung des Buches.

Ich danke Zahia, Isabelle, Jacqueline und Christian für ihren Beitrag am Beginn und bei der Fertigstellung des Buches.

Elsie Herberstein

Die VinziRast dankt
• Gemeinnützige Privatstiftung Philanthropie Österreich
• Christian und Véronique Dorda / Dorda Rechtsanwälte
• Josef Lux und Sohn Baumeister Ges.m.b.H., Hainfeld
• Rainer und Birgit Hassler
• 3Hilft / Hutchison Drei Austria GmbH
• Irène Montjoye

Durch ihre großzügige finanzielle Unterstützung konnte dieses Buch produziert werden.

ELSIE HERBERSTEIN – AUSGEWÄHLTE PUBLIKATIONEN

Aux Éditions Albin Michel
Afrique du Sud, le jour et la nuit, 1991
Tibet, les exilés, 1993
Viens chez moi, j'habite dehors, 1994

Aux Éditions du Seuil
Zanzibar, carnets de voyage, 2000
Cambodge, carnets de voyage, 2003
Les Carnets de Minna, 2008

Aux Éditions du Pacifique
Cambodia & Angkor, sketchbook, 2003

Aux Éditions Jalan Publications
Viens chez moi, j'habite dehors, dix ans après, 2004
Sète, surprenant voyage, 2005
Alger, simples confidences, 2005
Beau-Rivage, une passion, 2015
Le Cambodge de Monsieur Rathanak, 2016
The Cambodia of Mister Rathanak, 2016

Aux Éditions Flammarion
Ports de France, 2007

Aux Éditions Magellan & Cie
Saint-Valery-en-Caux, les hommes et la mer, 2010

Aux Éditions Sedp-Ratp
Vaugirard, carnet de voyage, 2017

www.labonneminetoutelannee.com